D1705456

DAS BEKENNTNIS
DER BRUDERSCHAFT
DES ROSENKREUZES

DIE GEHEIMNISSE
DER BRUDERSCHAFT
DES ROSENKREUZES

ESOTERISCHE ANALYSE DES GEISTIGEN TESTAMENTS
DES ORDENS VOM ROSENKREUZ

VON

JAN VAN RIJCKENBORGH

*I Der Ruf der Bruderschaft des Rosenkreuzes (Fama
Fraternitatis R.C.)*

*II Das Bekenntnis der Bruderschaft des Rosenkreuzes
(Confessio Fraternitatis R.C.)*

*III Die alchimische Hochzeit des Christian Rosenkreuz
(Chymische Hochzeit Christiani Rosencreutz Anno 1459)*

ROZEKRUIS PERS – HAARLEM – NIEDERLANDE

DAS BEKENNTNIS
DER BRUDERSCHAFT
DES ROSENKREUZES

ESOTERISCHE ANALYSE DER CONFESSIO FRATERNITATIS R.C.

VON

JAN VAN RIJCKENBORGH

DRITTE, ÜBERARBEITETE AUSGABE

1994

ROZEKRUIS PERS – HAARLEM – NIEDERLANDE

Aus dem Niederländischen übersetzt
Ursprünglicher Titel:
De belijdenis van de Broederschap van het Rozenkruis

Internationale Schule des Goldenen Rosenkreuzes
Lectorium Rosicrucianum
Hauptsitz:
Bakenessergracht 11-15, Haarlem, Niederlande

ISBN 90 6732 111 7

Inhaltsverzeichnis

FAMA FRATERNITA-
TIS R. C.

Das ist/

Gerücht der Brü-
derschafft des Hochlöblichen
Ordens R. C.

An alle Gelehrte vnd Heupter Europæ

Beneben deroselben Lateinischen

CONFESSION,

Welche vorhin in Druck noch nie aus-
gangen/ nuhnmehr aber auff vielfältiges nach-
fragen/ zusampt deren beygefügten Teutschen Version
zu freundtlichen gefallen/ allen Sittsamen guther-
zigen Gemühtern wolgemeint in Druck
gegeben vnd communiciret.

Von einem des Lichts/ Warheit/ vnd Friedens
Liebhabenden vnd begierigen
Philomago.

Gedruckt zu Cassel/ durch Wilhelm Wessel/
ANNO M. DC. XV.

Bekenntnis der Bruderschaft des Rosenkreuzes

Heil dem Leser!

Du findest hier, lieber Leser, siebenunddreißig Gründe für unsere Überlegungen in dieses Bekenntnis eingeflochten, die du für dich auswählen, miteinander vergleichen und dann überlegen kannst, ob sie dich genügend ansprechen.

Solche Sorgfalt ist nämlich nötig, damit wir von etwas überzeugen, was noch nicht sichtbar ist. Sobald es in der Himmelsmitte wirklich zu sehen ist, werden wir uns, glaube ich, dieser bisherigen Deutungen schämen. Und wie wir heute ohne Gefahr den Papst den Antichristen nennen, was früher allenthalben ein Kapitalverbrechen war, so wissen wir von der Zukunft, daß wir mit erhobenem Freudengeschrei das hören lassen, womit wir jetzt noch hinter dem Berge halten.

Daß dieses recht bald geschehen möge, wünsche, lieber Leser, zusammen mit uns, von ganzem Herzen!

DIE BRUDERSCHAFT DES ROSENKREUZES

I

Was ihr über unsere Bruderschaft von der Stimme der Fama
des Rosenkreuzes gehört habt, ihr Sterblichen, haltet weder
für unüberlegt noch für eigenmächtig; denn Jehova ist es,
der, da die Welt im Wanken begriffen ist und dieser Zeitab-
schnitt beinahe vollendet ist, den Lauf der Natur zum Anfang
umwendet, und, was früher mit großer Anstrengung und un-
ermüdlicher Arbeit gesucht wurde, jetzt denen offenbart,
die an nichts derartiges denken; denen anbietet, die guten
Willens sind; denen aufdrängt, die nicht wollen; damit den
Guten zuteil werde, was die Beschwerden des menschlichen
Lebens mildert und die Gewalt des drohenden Sturmes zerbricht, den Bösen aber zuteil werde, was ihre Sünden und
Wunden vermehrt.

Unser Vorhaben, mit dem wir den Willen unseres erhabenen Vaters durchführen werden, ist euch aber, wie wir meinen,
aus der *Fama* genügend deutlich. Auch daß wir nun gar
irgendeiner Ketzerei oder eines bösen Angriffs gegen den
Staat nicht verdächtigt werden können, die wir des Orients wie
des Okzidents — lies: Mohammeds und des Papstes — Gotteslästerungen gegen unseren Herrn Jesus verabscheuen, nun
aber dem Oberhaupte des Reiches unsere Gebete, unsere
geheimen Kenntnisse und überdies unsere ungeheuren Gold-
schätze anbieten. Doch es ist unsere Absicht, den Gelehrten
zuliebe umfangreicher zu erklären, wenn in der *Fama* etwas zu
kurz behandelt sein sollte, oder aus zuverlässiger Überlegung

in anderen Sprachen* nicht ausgedrückt werden kann. Hierdurch hoffen wir, daß die Gelehrten uns wohlwollender antworten und für die Billigung unseres Standpunktes zugänglicher sein werden.

---

* Diesem Text liegt die ursprüngliche Fassung der *Confessio Fraternitatis R.C.* in lateinischer Sprache zugrunde.

II

Was die Verbesserung der Philosophie betrifft, soweit diese
jetzt nötig ist, so haben wir auseinandergesetzt, daß sie krank
ist. Wenn freilich auch die meisten sie, man versteht nicht wie-
so, für gesund halten, ist für uns außer Zweifel, daß sie fast
ihren Geist aufgibt. Übrigens, wie meistens an derselben Stelle, wo eine Seuche ausbricht, die Natur das Heilmittel enthüllt,
so erstehen unter so zahlreichen ärgsten Krankheitserscheinun-
gen der Philosophie unserem Vaterlande genügend geeignete,
für die Gesundheit von Grund auf einzigartige Heilmittel,
durch die sie wieder genesen und neu oder erneuert der zu er-
neuernden Welt erscheinen kann.

Es gibt aber für uns keine andere Philosophie als die, welche
die Krone der Fakultäten, Wissenschaften und Künste ist, die,
wenn wir unser Jahrhundert betrachten, am meisten Theologie
und Medizin umfaßt, am wenigsten Rechtswissenschaft. Sie
soll den Himmel und die Erde mit tiefer durchdachter Anato-
mie erforschen, oder sie stellt, um es kurz zu sagen, den einzelnen Menschen hinreichend als Mikrokosmos dar, über den die
Gemäßigteren aus der Kategorie der Gelehrten, wenn sie unserer brüderlichen Einladung Folge leisten, ganz anderes und Er-
staunlicheres bei uns entdecken werden, als was sie bisher
geglaubt, bewundert und öffentlich vertreten haben.

III

Wenn wir also unsere Überlegungen zusammengefaßt aussprechen, so zeigt sich uns jenes eine, mit dem man sich sorgfältig abmühen muß, daß die Verwunderung über unseren Aufruf bei euch zerstreut werde und daß vor aller Welt feststehe, daß so große Geheimnisse weder an Wert für uns verlieren*, noch daß es töricht ist, die Kunde davon unter die Menge zu bringen**.

Denn es ist nicht ungereimt, daß die Gedanken der meisten infolge unserer so unerwarteten Umgänglichkeit in Verwirrung geraten, da ihnen die Wunder der sechsten Periode noch nicht bekannt sind, und sie aus dem Kreislauf der Erde weder die Zukunft noch die Gegenwart abzulesen vermögen. Aber mit den Nöten ihrer Zeit beschäftigt, wandern sie wie Blinde in der Welt umher, die inmitten des Lichtes nur das, was sie mit ihren Händen berühren können, unterscheiden.

---

* Siehe auch Kapitel IV.
** Siehe auch Kapitel V.

IV

Hinsichtlich des ersten Abschnittes des vorangegangenen*
meinen wir also, daß über all das, was von der Erschaffung der
Welt vom menschlichen Geist, sei es durch göttliche Offenbarung, sei es durch den Dienst der Engel und der Geister, sei es
durch den Scharfsinn des Verstandes, sei es durch Erfahrung
langer Beobachtung entdeckt, verfeinert und erweitert worden
ist, die Überlegungen unseres Vaters Christian so bedeutend
sind, daß aus ihnen allein, wenn auch von dem allmächtigen
Gott der Untergang der gesamten Literatur verursacht würde,
die Nachwelt neue Fundamente der Wissenschaften errichten
und eine neue Zitadelle der Wahrheit erbauen könnte. Dieses
würde vermutlich leichter sein, als bei einem so verunstaltet
hinterlassenen Bauwerk hier den Bauplatz zu erweitern, dort
das Licht in die Räume hineinzulassen und Türen, Treppen
und anderes nach unserer Vorstellung zu verändern.

Wie sollte uns daher so Großes verächtlich sein, selbst wenn
solches uns nur zu wissen und nicht vielmehr zur Zierde des
eigenen Jahrhunderts gegeben wäre? Wie sollten wir nicht
freudig Trost finden in der einen Wahrheit, welche die Sterblichen auf so vielen Umwegen und in so vielen Labyrinthen suchen, wenn Gott gewollt hätte, daß nur uns der sechste Kande-
laber leuchtet? Genügte es uns nicht, weder Hunger noch Armut noch Krankheit noch Altersschwäche zu fürchten? Wäre
es nicht herrlich, zu jeder Stunde so zu leben, als ob man seit

---

* Siehe Kapitel III.

der Erschaffung der Welt gelebt hätte und bis an das Ende der Welt leben würde? So an einem Ort zu leben, daß weder die, welche jenseits des Ganges wohnen, ihre Haltung verheimlichen, noch jene, welche in Peru leben, ihre Pläne verbergen könnten? So zu lesen in einem Buche, daß man, was auch immer alle Bücher aus Vergangenheit, Gegenwart und Zukunft enthalten haben, enthalten und enthalten werden, lesen, verstehen oder behalten würde? So zu singen oder zu psalmodieren, daß man anstelle des Felsgesteins Edelsteine, anstelle der Tiere den Geist anzieht, daß man anstelle Plutos* die mächtigsten Herrscher des Erdreiches bewegt?

Oh, ihr Sterblichen, der Ratschluß Gottes ist anders, und es ist zu eurem Glück, daß es bestimmt ist, die Zahl unserer Bruderschaft in dieser Zeit zu vermehren und zu vervielfältigen. Das, was wir mit solcher Fröhlichkeit in uns aufnehmen, die wir zu solchen großen Schätzen in keiner Weise durch unser Verdienst, keineswegs durch irgendeine Hoffnung oder Erwartung zugelassen worden sind, werden wir mit solcher Gewissenhaftigkeit ausführen, daß sogar nicht einmal das Wehklagen unserer Kinder – die jedenfalls schon einige unserer Brüder haben – uns berührt; denn wir wissen, daß diese unerwarteten Güter weder erblich sind noch ohne Unterschied übertragen werden können.

---

* Hier: der Herrscher der Unterwelt, wo die Toten verbleiben.

V

Wenn nun jemand in Hinsicht auf den zweiten Teil* Vorsicht von uns verlangt, die wir unsere Schätze so verschwenderisch und ohne Unterschied ausschütten, und wir den Guten, den Gebildeten und den führenden Persönlichkeiten überhaupt nicht mehr Aufmerksamkeit schenken als dem gewöhnlichen Volke, so sind wir darüber nicht aufgebracht. Sicherlich ist dieser Vorwurf nicht ohne Bedeutung. Aber wir versichern vielmehr nun soviel, daß unsere Geheimnisse nicht öffentlich verbreitet werden, so sehr sie auch dem Volke in fünf Sprachen in den Ohren tönen mögen. Einerseits weil sie, wie wir wissen, die Dummen nicht bewegen, andererseits weil wir die Würdigkeit der Aufzunehmenden nicht nach ihrer Wißbegier, sondern nach dem Maßstab und der Norm unserer Offenbarungen messen.

Tausendmal mögen Unwürdige laut schreien, tausendmal mögen sie sich anbieten: Aber Gott hat unseren Ohren dieses auferlegt, auf keinen von ihnen zu hören, und mit seinen Wolken hat er uns so schützend umgeben, daß keine Gewalt seine Knechte bedrohen kann, so daß wir nicht mehr länger in das Gesichtsfeld der Menschen geraten können, es sei denn, einige hätten sich Adleraugen zugelegt.

Im übrigen mußte die *Fama* in eines jeden Muttersprache herausgegeben werden, damit nicht jene übergangen werden, die, wenn sie auch nur wenig in der Wissenschaft bewandert sind, Gott nicht von dem Glück der Bruderschaft, die ver-

---

* Siehe Kapitel III.

schiedene Grade kennt, ausgeschlossen hat. So leben zum Beispiel die Bewohner der Stadt Damcar in einer ganz anderen und von der der übrigen Araber durchaus verschiedenen Staatsverfassung. Und deshalb regieren hier Weise, und der König hat ihnen zugestanden, andere Gesetze zu erlassen. Ein Muster hiervon (das, von unserem Vater Christian verfaßt, in unserem Besitz ist) werden wir auch in Europa einführen, sobald eingetreten ist, was vorhergehen muß.

Dann wird unsere Posaune mit lautem Schall und unmißverständlich ertönen; wohlgemerkt, sobald das, was einige wenige jetzt flüsternd aussprechen und auch Künftiges, soweit wie möglich, durch rätselhafte Anspielungen verschleiern, die Erde öffentlich erfüllen wird. Ebenso ist nun der Papst nach vielen heimlichen Angriffen frommer Menschen gegen seine Tyrannei und nach zaghaften Beschimpfungen mit großer Gewalt und Ungestüm von Deutschland aus vom Throne gestoßen und tüchtig mit Füßen getreten worden, während sein Untergang in unsere Zeit verschoben ist, wo er auch die zerreißende Kraft der Löwenpranken erfahren und eine neue Stimme sein Gebrüll beenden wird. Dieses ist, wie wir wissen, schon sehr vielen Gelehrten Deutschlands klar geworden, was ihr Verhalten und ihr stiller Beifall beweisen.

VI

Es wäre der Mühe wert, die ganze Zeit, die seit 1378, dem
Geburtsjahr unseres Vaters Christian, verstrichen ist, zu untersuchen und nachzuforschen, was er selbst in den einhundert-
undsechs Jahren seines Lebens von der Veränderung der Welt
gesehen hat und wie viele Erfahrungen er nach dem seligen
Hinscheiden unseren Vätern und uns hinterlassen hat. Jedoch
die Kürze, an die wir uns gebunden haben, gebietet uns, dieses
ein andermal zu berichten. Denen, die unsere Hinweise nicht
mißachten, wird es genügen, sie berührt zu haben, wodurch sie
sich die Voraussetzungen für eine engere Verbindung mit uns
verschaffen können. Fürwahr, wem es vergönnt ist, die erhabenen Zeichen Gottes, die er in das Weltengebäude geschrieben
hat und die er beim Wechsel der Reiche abwechselnd wiederholt, zu betrachten, zu lesen und sich daran zu bilden, der ist
allerdings – wenn es ihm in diesem Augenblick auch nicht bewußt ist – schon einer der Unsrigen.
Wie wir wissen, daß er unsere Einladung nicht geringschät-
zen wird, so verwerfen wir andererseits jede Täuschung und
versprechen dem nicht irgend etwas Ungewisses, dessen Red-
lichkeit und Erwartungen nicht unserem Spott anheimfallen,
wenn er nur unter dem Siegel der Verschwiegenheit uns begegnet und Verbindung mit uns sucht. Den Heuchlern und Betrügern aber und denen, die nach anderem als nach Weisheit
dürsten, erklären wir ausdrücklich, daß wir weder in unser
Verderben gestürzt werden noch gar gegen Gottes Befehl ge-
nötigt werden können. Diese erwartet freilich die ernste Be-

drohung, die wir in unserer *Fama* ausgesprochen haben, nämlich, daß sich so unheilige Pläne auf ihr eigenes Haupt ergießen werden.

Unsere Schätze werden uns jedoch immerfort unangetastet überlassen bleiben, bis der Löwe sich erhebt und sie rechtmäßig für sich fordert, empfängt und zur Festigung seines Reiches verwendet.

VII

So müssen wir, ihr Sterblichen, eines erklären, nämlich daß Gott beschlossen hat, der Welt, die nicht lange danach untergehen wird, die Wahrheit, das Licht und den Glanz zurückzugeben, die Er mit Adam aus dem Paradiese ausziehen ließ, um des Menschen Elend zu mildern. Darum ist es angebracht, daß Falschheit, Finsternis und Gebundenheit weichen, die sich allmählich mit der fortschreitenden Umdrehung des großen Globus in die Wissenschaften, in die Handlungen und in die Regierungen der Menschen eingenistet haben, wodurch diese zum größten Teil verdunkelt wurden.

Hierdurch ist eine unendliche Mannigfaltigkeit der Meinungen, Verfälschungen und Irrlehren entstanden, die sogar für die einsichtsvollsten Menschen die Wahl erschwert haben, bis einerseits die Meinung der Philosophen, andererseits die Realität der Erfahrung sie in Verwirrung bringt. Wenn das alles, wie wir zuversichtlich hoffen, einstmals aufgehört hat und wir in der Tat dagegen die eine, ununterbrochene, gleichbleibende Richtschnur sehen werden, wird der Dank zwar den Mitarbeitern gebühren, aber der ganze Umfang des so bedeutenden Werkes dem Segen unseres Zeitalters zuzuschreiben sein.

Wie wir anerkennen, daß viele hervorragende Geister durch ihre Überlegungen ihrerseits viel zur künftigen Reformation beitragen, so maßen wir uns keineswegs den Ruhm an, als wäre uns allein eine so große Aufgabe übertragen. Jedoch aus dem Geiste Christi, unseres Erlösers, bezeugen wir, daß sich eher Steine anbieten werden, als daß es an Vollstreckern des göttlichen Ratschlusses fehlen würde.

VIII

Um seinen Willen kundzutun, hat Gott schon Boten vorausge-
sandt, nämlich Sterne, die in Serpentarius und Cygnus erschie-
nen sind und die wahrlich als große Zeichen seines erhabenen
Ratschlusses soviel lehren können, wie es in Verbindung mit
den Entdeckungen des menschlichen Geistes seiner verborgenen Schrift dienen sollte, damit das Buch der Natur wenigstens
vor aller Augen aufgeschlagen und enthüllt wird, obwohl nur
wenige es überhaupt lesen oder begreifen können.

Wie es im menschlichen Haupt zwei Organe zum Hören
gibt, zwei zum Sehen, zwei zum Riechen und eines zum Sprechen, und man von den Ohren vergeblich das Sprechen for-
dern, von den Augen vergeblich den Sinn für Klänge verlangen
könnte, so hat es Zeiten des Sehens, des Hörens und des Riechens gegeben. Es bleibt noch, daß in beschleunigtem und abgekürztem Zeitlauf vollends die Zunge zu Ehren kommt,
damit das, was einst gesehen, gehört und gerochen wurde, nun
endlich ausgesprochen werde, nachdem die Welt den Rausch
aus ihrem vergifteten und betäubenden Becher ausgeschlafen
haben und früh am Morgen der aufgehenden Sonne mit offenem Herzen, entblößtem Haupte und barfuß fröhlich und jubelnd entgegengehen wird.

IX

Wie Gott solche Zeichen und sogar sein Alphabet bunt in die
Heilige Schrift eingestreut hat, so hat Er sie auch bei dem
Wunderwerk der Schöpfung den Himmeln, der Erde und den
lebenden Wesen deutlich eingeprägt, damit wir, wie der Astro-
nom Sonnen- und Mondfinsternisse voraussieht, ebenfalls die
Verfinsterung der Kirche und ihre Dauer im voraus kennen.
Diesen Buchstaben haben wir ausnahmslos unsere Magie
entnommen und uns daraus eine neue Sprache zusammen-
gestellt, durch die zugleich das Wesen der Dinge ausgedrückt
werden soll, weswegen es nicht erstaunlich wäre, wenn wir in
den übrigen Sprachen und in diesem Latein* weniger vortreff-
lich sind, die, wie wir wissen, keineswegs nach der Sprache
Adams oder Henochs klingen und von der babylonischen
Sprachverwirrung entweiht wurden.

---

* Das Original der *Confessio Fraternitatis R.C.* ist in lateinischer Sprache ab-
gefaßt.

X

Soviel dürfen wir daher keineswegs unerwähnt lassen, daß wir,
solange uns einige Adlerfedern etwas im Wege sind* zu einer
vorzüglichsten, unermüdlichen und beständigen Lektüre der
heiligen Bibel anregen. Wenn diese jemand gar sehr gefällt,
möge er wissen, daß er unserer Bruderschaft schon sehr nahe
gekommen ist. Wie diese der Inbegriff unserer Regeln ist, daß
es keinen Buchstaben in dem so großen Wunderwerk der Welt
gibt, der nicht dem Gedächtnis eingeprägt wurde, so sind die
uns am nächsten und am ähnlichsten, die dieses einmalige
Buch zum Maßstab und zur Richtschnur ihres Lebens, zum Inbegriff ihrer Studien und zum Richtweg der ganzen Welt
machen.

Von ihnen verlangen wir nicht, daß sie dieses ständig im
Munde führen, sondern daß sie seinen Sinn allen Generatio-
nen der Menschheit auf angemessene Weise nahebringen.
Denn wir sind nicht gewohnt, die göttliche Weisheitsprache so
zu entehren, wie angesichts der unbegrenzten Zahl der Ausleger, die einen an der Meinung ihrer Partei festhalten wollen,
die anderen sich mit der alten Bosheit über die wie Wachs
knetbare Schrift lustig machen, die gleichermaßen Theologen,
Philosophen, Medizinern und Mathematikern dienen sollte.

Es soll vielmehr unsere Pflicht sein, zu bezeugen, daß seit
dem Ursprung der Welt den Menschen kein großartigeres, be-
wunderungswürdigeres und heilsameres Werk als die heilige

---

* Siehe die apokryphe Schrift Esra IV, Kapitel 11 und 12.

Bibel geschenkt wurde: Gesegnet ist, wer sie besitzt, gesegneter, wer sie liest, am gesegnetsten ist, wer sie gründlich kennt. Wer sie aber begreift und befolgt, ist Gott am ähnlichsten.

XI

Was wir nun weiterhin* mit Abscheu vor den Betrügern über
die Umwandlung der Metalle und das höchste Heilmittel der
Menschheit sagen, muß so verstanden werden, daß wir keinesfalls ein solches außergewöhnliches Geschenk Gottes herabsetzen. Doch da dieses Geschenk nicht unaufhörlich die
Erkenntnis der Natur mit sich bringt, die Philosophie aber sowohl jene wie auch andere Wunder der Natur aufzeigt, ist es
folgerichtig, daß bei uns das System der philosophischen Erkenntnis im Vordergrund steht und wir die vortrefflicheren
Geister auffordern, nicht vielmehr die Metalle zu tingieren als
die Natur zu erforschen.

Unersättlich muß wohl sein, wem weder Armut noch Krankheit Gefahr bringen können, wer über die Menschen gleichsam
erhaben ist, Macht über das hat, was andere quält, heimsucht
und foltert und somit zu den Nichtigkeiten der Natur zurückkehrt, Bauten errichtet, Kriege anstiftet, übermütig ist, weil
genügend Gold vorhanden ist und das Silber aus unerschöpflicher Quelle sprudelt.

Anders aber hat es der oberste Lenker beabsichtigt, der den
Demütigen Herrlichkeit bereitet, die Hochmütigen mit Finsternis schlägt, zu den Schweigsamen seine Engel sprechen läßt
und die Schwätzer in die Einsamkeit treibt, eine Strafe, wie sie
dem römischen Betrüger gebührt, der seine Gotteslästerungen
weiter mit vollem und überlaufendem Munde über Christus

---

* Siehe die Kapittel xii, xiii und xiv.

24

ausgegossen hat und sogar am hellen Tage, da Deutschland seine Höhlen und unterirdischen Gänge entdeckt hat, nicht von seinen Lügen abläßt, so daß das Maß nun voll ist und er reif für den Henker erscheint.

Einst aber wird der Tag kommen, an dem diese Schlange zu zischen aufhört und ihre dreifache Krone zu nichts zerfallen wird. Hierüber werden wir offener sprechen, sobald wir zusammengekommen sind.

XII

Zum Schluß unserer Confessio weisen wir ferner ernstlich darauf hin, daß, wenn nicht alle, so doch die meisten Schriften der Pseudo-Alchimisten verworfen werden müssen. Für diese ist es ein Spiel, die heilige Dreifaltigkeit für Nichtigkeiten zu mißbrauchen, oder ein Spaß, die Menschen durch scheußliche Figuren und dunkle Andeutungen zu täuschen. Unstreitig ist die Neugier der Leichtgläubigen ihnen dabei von Vorteil. Derartige Leute hat unsere Zeit sehr zahlreich hervorgebracht, unter diesen einen ausgezeichneten Schauspieler des Amphitheaters*, der erfinderisch genug ist, die Menschen hinters Licht zu führen.

Diese mischt der Feind des menschlichen Glücks darum unter den guten Samen, damit es umso schwieriger ist, der Wahrheit zu vertrauen, obgleich sie einfach und unverhüllt ist, während die Lüge prächtig und mit Zipfeln aus göttlicher und menschlicher Weisheit geschmückt ist.

Haltet euch von diesen Dingen fern, ihr, die ihr einsichtig seid, und nehmt eure Zuflucht zu uns, die nicht euer Gold erbetteln, sondern euch sogar unermeßliche Schätze anbieten.

Wir haben es nicht durch Erfindung irgendeiner Tinktur auf eure Güter abgesehen, sondern wir machen euch zu Teilhabern an den unsrigen.

Wir geben euch nicht Rätsel auf, vielmehr laden wir euch zu einer schlichten Darlegung der Mysterien ein.

---

* Wohl eine Anspielung auf das im Jahr 1608 erschienene *Amphitheatrum Sapientiae Aeternae* des Magdeburger Arztes Heinrich Khunrath.

Wir trachten nicht danach, von euch aufgenommen oder angenommen zu werden, sondern wir laden euch in unsere mehr als königlichen Häuser und Paläste ein, die wir – solltet ihr es noch nicht wissen – nicht von Prunksucht, sondern vom Geist Gottes getrieben, durch das Testament unseres sehr vortrefflichen Vaters geboten, dem Gesetz unserer Zeit verpflichtet sind.

XIII

Was meint ihr nun, ihr Sterblichen, nachdem ihr gehört habt,
daß wir Christus aufrecht bekennen, den Papst aber verwün-
schen, daß wir die wahre Philosophie hochhalten, ein menschen-
würdiges Leben führen, und daß wir zu unserer einträchtigen
Gemeinschaft eine größere Menge, und zwar solche, denen wie
uns aus Gott dasselbe Licht entgegenstrahlt, einladen, rufen,
ja bitten?

Denkt ihr nicht daran, daß ihr nach Prüfung eurer Gaben
und Überdenken der Einsicht, die ihr in die heiligen Schriften
besitzt, endlich beurteilt, wie viele von allen Künsten Unvoll-
kommenheit und Mangel an Übereinstimmung aufweisen, daß
ihr endlich mit uns einmal über das Heilmittel nachdenkt, dem
wirkenden Gott die Hände reicht und dem Gebot unserer Zeit
gehorcht? Des Lohnes dieser Arbeit werdet ihr teilhaftig werden, so daß alle nur möglichen Güter, welche die Natur in alle
Teile der Erde verstreut hat, mit euch verbunden und vereinigt,
gleichsam wie im Zentrum von Sonne und Mond gesammelt
werden. Dann könntet ihr alles, was die menschliche Erkenntnis verdunkelt und seine Tätigkeit hemmt, alles Exzentrische
und Epizyklische* aus der Welt verbannen.

---

* D.h. alles Überspannte und Abwegige. Der lateinische Text lautet hier:
»Jam cuncta ea, quae humanam cognitionem obnubilant, actionem retar-
dant, mundo non secus, ac eccentricos omnes et epicyclos expellere possitis.«
Dies ist eine Anspielung auf die Theorie von Claudius Ptolemäus (2.Jh.n.Chr.),
der die Planetenbahnen mit Hilfe von exzentrischen und epizyklischen Kreis-
bewegungen erklärte. Diese Theorie blieb maßgebend bis zu Nikolaus Koper-
nikus (1473-1543). Er lehrte, daß nicht die Erde der Mittelpunkt des Weltalls
ist, wie Ptolemäus meinte, sondern die Sonne, und daß die Erde ebenso wie
die anderen Planeten um die Sonne kreist.

XIV

Euch aber, denen es beschieden ist, wenigstens die Neugierde
zu befriedigen, euch lockt entweder der Glanz des Goldes an
oder ihr, die, um es stärker auszudrücken, jetzt noch recht-
schaffen seid, aber durch einen so großen unverhofften Über-
fluß an Gütern zu einem üppigen, müßigen, verschwenderi-
schen und prunkvollen Leben verführt werden könntet, wollet
mit eurem Lärm nicht unsere heilige Stille stören, sondern be-
denket, daß, obwohl es ein Heilmittel gibt, das alle Krankheiten ohne Unterschied vertreibt, jene, die Gott mit Krankheiten
heimsuchen, züchtigen und büßen lassen will, zu dieser Gunst
der Umstände nicht zugelassen werden. So werden wir, obwohl
wir die ganze Welt bereichern, unterrichten und von zahllosen
Übeln befreien könnten, dennoch niemandem bekannt, wenn
Gott es nicht billigt.

Allein, es ist weit gefehlt, daß jemand gegen den Willen
Gottes sich unserer Güter erfreut. Eher wird er durch solches
Trachten sein Leben verlieren, als daß er das Glück ausfindig
macht und es erlangt.

DIE BRUDERSCHAFT DES ROSENKREUZES

ESOTERISCHE ANALYSE
DER
CONFESSIO FRATERNITATIS R.C.

So müssen wir, ihr Sterblichen, eines erklären, nämlich daß Gott beschlossen hat, der Welt, die nicht lange danach untergehen wird, die Wahrheit, das Licht und den Glanz zurückzugeben, die Er mit Adam aus dem Paradiese ausziehen ließ, um des Menschen Elend zu mildern. Darum ist es angebracht, daß Falschheit, Finsternis und Gebundenheit weichen, die sich allmählich mit der fortschreitenden Umdrehung des großen Globus in die Wissenschaften, in die Handlungen und in die Regierungen der Menschen eingenistet haben, wodurch diese zum größten Teil verdunkelt wurden.

Hierdurch ist eine unendliche Mannigfaltigkeit der Meinungen, Verfälschungen und Irrlehren entstanden, die sogar für die einsichtsvollsten Menschen die Wahl erschwert haben, bis einerseits die Meinung der Philosophen, andererseits die Realität der Erfahrung sie in Verwirrung bringt. Wenn das alles, wie wir zuversichtlich hoffen, einstmals aufgehört hat und wir in der Tat dagegen die eine, ununterbrochen gleichbleibende Richtschnur sehen werden, wird der Dank zwar den Mitarbeitern gebühren, aber der ganze Umfang des so bedeutenden Werkes dem Segen unseres Zeitalters zuzuschreiben sein.

Wie wir anerkennen, daß viele hervorragende Geister durch ihre Überlegungen ihrerseits viel zur künftigen Reformation beitragen, so maßen wir uns keineswegs den Ruhm an, als wäre uns allein eine so große Aufgabe übertragen. Jedoch aus dem Geiste Christi, unseres Erlösers, bezeugen wir, daß sich eher Steine anbieten werden, als daß es an Vollstreckern des göttlichen Ratschlusses fehlen würde.

Confessio Fraternitatis R.C., Kapitel VII

Weltreformation

Lassen Sie uns ehrlich zueinander sagen, daß wir veräußerlichte Menschen geworden sind. Die westliche Kultur ist sehr oberflächlich. Sie kennt keine gewaltigen Höhen strahlender Wirklichkeit, sie ist ohne Tiefe und Innerlichkeit. Sie ist auf die Form, das Formale gerichtet und der Mode unterworfen. Der ganze Apparat, mit dem wir so vertraut sind, der so komplizierte Organismus ist krank, todkrank, weil er keine Seele mehr besitzt.

Der Idealismus hat seine Grenzen und ist zum Materialismus mit einigen welken Blüten geworden. Die Wissenschaft ist auf der ganzen Linie auf einen Irrweg geraten, und die Theologie ist seit Jahren so tot wie die Atlantische Ära. Immer wieder taucht das Antlitz mit der Dornenkrone am Horizont auf, während immer wieder Pulverrauch in breiten Schwaden über die Erde zieht. Und die Kirchen hallen wider von Phrasen, von Predigten über einen unbekannten Gott, vom Gestammel über einen Christus, den man nicht kennt und nicht erlebt und den man doch täglich kreuzigt.

Die Menschen suchen unaufhörlich und verbinden sich doch von vornherein mit dieser Kultur; das aber ist aussichtslos. Natürlich wissen Sie das alles. Ihre Zeitungen und Bücher sprechen davon. Sie nehmen es zur Kenntnis. Sie sprechen miteinander darüber. Sie stimmen alle den ergreifenden Artikeln und Schriften zu. Aber warum geht es Ihnen nicht nahe? Warum zerbricht nichts in Ihnen? Warum empfinden Sie nicht das Beben der Ewigkeit in der Zeit? Geht es Ihnen nicht wie dem

»Jedermann« in dem gleichnamigen mittelalterlichen Schauspiel? Der Tod, der Abgesandte Gottes, kommt zu Jedermann und spricht: »Jedermann, wohin des Wegs, so schön aufgeputzt? Hast du Gott schon vergessen?«

In der Tat! Über der ganzen christlichen Kultur haben die Menschen Gott vergessen. Das Wesentliche und zum wahren Heil einzig Notwendige entgeht ihnen.

Dieses hier ist keine Predigt. Die Rosenkreuzer halten nichts von Predigten. Es geht lediglich darum, Sie aufzurütteln und Ihnen zu sagen: Erheben Sie sich aus der Oberflächlichkeit und erkennen Sie die Wirklichkeit. Erkennen Sie nicht, daß der Logos in unsere kranke Zivilisation eingreift? Daß sich das All in einer Veränderung befindet und etwas geschehen wird?

Was tun Sie wirklich? Sie arbeiten von morgens früh bis abends spät, vielleicht für Ihr tägliches Brot. Sie richten sich auf das normale Leben. Sie sorgen für Ihre alten Tage. Sie mühen und plagen sich zu Hause oder anderswo. Sie vertreiben sich die Zeit mit Ihren Büchern oder im Konzertsaal.

Aber darin erfüllt sich doch nicht Ihr Leben als Mensch! Wissen Sie überhaupt, wozu der Mensch berufen ist? Wissen Sie, wozu der Mensch imstande ist?

Wir sind aus Gottes Geschlecht! Wir sind nach seinem Bilde geschaffen. In uns glüht der göttliche Funke. Das sind keine wohlfeilen, süßen und erbaulichen Worte, sondern lebendige Flammen der ewigen Wahrheit. Wir müssen uns von unseren Begrenzungen, von unserem Sklavengeist befreien! Wir müssen erkennen, daß wir Könige sind!

Für den Herdenmenschen klingen solche Worte töricht, ja irrsinnig. Jedoch wir schreiben hier für gnostisch Empfängliche oder jedenfalls für Menschen, die für die aufrüttelnde Kraft des wahren Rosenkreuzes aufgeschlossen sind.

Es ist die Sendung des Ordens des Rosenkreuzes und seiner Diener, den Weg zur Befreiung zu zeigen. Denn alle sind in der Sklaverei des Körpers, der Seele und des Bewußtseins gekettet.

Es muß eine neue heilige Leidenschaft in Ihnen zu wachsen beginnen, die Sehnsucht nach der heiligen Befreiung, von der die klassischen Psalmen singen. Es muß in Ihnen die wahre Gotteserkenntnis erwachen, der tägliche Wandel mit Christus muß Wirklichkeit werden.

Es gibt Tausende, die vorgeben, Christus zu kennen. Ihre Lippen sprechen seine Worte nach, aber das Herz bleibt unberührt, und das Haupt versteht ihn nicht. Sie wissen von einem heiligen Opfer in uralter Vergangenheit, aber vom Haupt mit der Dornenkrone, das jetzt am Horizont zu sehen ist, wissen sie nichts. Achtlos, wie sie das Gras und das zarte Leben der Natur mit ihren Füßen zertreten, gehen sie an diesem flehenden Antlitz vorüber, weil sie vielleicht auf die Börsenberichte achten.

Deshalb ist es die Sendung des Ordens des Rosenkreuzes, Ihnen zu sagen, wer, was und wie Christus ist, was dieser gewaltige Sonnengeist von Ihnen will, was er für Sie will und tut. Es geht nicht nur darum, devot die Hände zum Gebet zu falten oder ein Lied zu singen, nicht darum, passiv zu warten: Er wird alles recht machen. Nein, Sie müssen es selbst tun! Das ist das Gewaltige am Christentum! In Ihnen muß der Liebesbrand des Geistes auflodern. Aus Ihnen muß sich der Königsfalter befreien, damit Sie den Schweinetrog verlassen und zu Ihrem Vater gehen. Christus ist eine Kraft: der Logos. Er bewegt das Universum Ihres Wesens. Er ist alles in allem, wenn Sie nur bewußt und dynamisch auf den Geist Gottes reagieren.

Wenn Sie etwas von diesem heiligen Entzücken kennen, können Sie nicht mehr ruhig zusehen, sondern gesellen sich zu denen, welche die neue Welt vorbereiten. Viele Menschen sind das Opfer enttäuschter Hoffnungen. Die grausamen Jahre haben die zarte Sehnsucht und auch die Gottessehnsucht vernichtet. Sie haben aufgehört zu denken, und ihr Gefühlszentrum ist erloschen. Sie haben Selbstmord begangen, wenn auch Ihr Körper noch lebt. Aber der Schüler der Geistesschule braucht nicht zu fürchten, daß seine Hoffnung enttäuscht wird, denn die Gaben, die er empfängt, sind über alle Maßen herrlich und übertreffen seine kühnsten Erwartungen.

So wird der Schüler ein Mensch, der Gottes Ratschluß ausführt. So kann er mit großer Positivität sprechen, weil er sich aus der Oberflächlichkeit erhoben hat und von der kommenden Weltrevolution weiß und sie erkennt.

In dieser Positivität kann der suchenden und sich mühenden Sklavenseele unserer Zeit die Botschaft der Confessio Fraternitatis R.C., die Botschaft der Befreiung, überbracht werden.

Das siebente Kapitel der Confessio, mit dem wir beginnen wollen, stellt uns vor einen großen Konflikt. Wir wissen, daß die Einströmung von Wahrheit, Licht und Glanz, die in diesem Kapitel erwähnt wird, bevorsteht. Denken Sie hierbei nicht an eine Zeitspanne von einigen Jahren, sondern stellen Sie sich vor, daß es sich um den Beginn einer neuen Ära handelt, in der sich das neue Licht und die neue Wahrheit unbehindert voll entwickeln können.

Ferner wissen wir, daß eine immer größer werdende Zahl von Pionieren dabei ist, sich auf dieses große, gewaltige Werk vorzubereiten, zu dem auch Sie gerufen sind. Niemals wird es an Dienern fehlen, die Gottes Ratschluß ausführen.

Weiter wissen wir, daß Gottes Ratschluß, der Entwicklungsplan, das neue Werden, unaufhörlich mit unwiderstehlicher Kraft ausgeführt wird. Aber wir wissen auch, daß zwischen diesem positiven Wissen und seiner Anwendung die Masse, das Herdentier, die Millionen Unwissenden stehen.

Sie können es vielleicht als ein großes symbolisches Gemälde sehen: Auf der einen Seite das sich nähernde Licht, auf der anderen Seite, in der einen oder anderen Weise dargestellt, der Ratschluß Gottes, das Dynamische im Lauf der Zeiten. Und in der Mitte die Masse der menschlichen Lebenswelle, gekrönt von den verhältnismäßig wenigen Pionieren, die den göttlichen Ratschluß ausführen. So sehen Sie die menschliche Lebenswelle umschlossen von der Dreifaltigkeit des göttlichen Willens, seines Weisheitsstromes und seiner Wirksamkeit in den Pionieren.

Verstehen Sie diese dramatische Situation? Wir leben in einer Gesellschaft, die so verdorben ist, daß sie keine Möglichkeit zu weiterer Entwicklung bietet. Die ganze Welt muß erneuert werden, aber die Führer und Stützen der Gesellschaft sehen es nicht, und die Masse ist zu unbewußt. Jedoch die neue Ära naht – der Ratschluß Gottes ist unabwendbar! Die Pioniere arbeiten fieberhaft. Das Neue ist nicht aufzuhalten. Die Folge wird eine ungeheure Katastrophe sein, die sich wie ein Sturmwind ausbreitet und die heutige Welt auseinanderbrechen läßt. Dann erst können die wirklichen Führer die Leitung der weiteren Entwicklung der Masse übernehmen. Erkennen Sie die Notwendigkeit all dessen? Gibt es einen anderen Weg? Müssen Welt und Menschheit noch Jahrmillionen unter ausweglosen Systemen seufzen?

Die Zerbrechung durch die Gottheit ist also notwendig. Alles das muß Sie mit großem Ernst erfüllen. Denn Sie wissen ja, Sodom und Gomorrha hätten nicht vernichtet zu werden brauchen, wenn es eine genügende Anzahl Gerechter gegeben hätte. So ist es auch hier! Sie können das kommende Weltleid zum größten Teil lindern helfen, wenn Sie sich als Pionier mit ganzer Kraft in unsere Arbeit stürzen und Ihr Äußerstes tun, um die Menschheit zu beeinflussen und zum wahren Leben zu führen. Und wirklich nähert sich – nicht zuletzt dank der Arbeit der Pioniere – die neue Ära mit großer Kraft.

Mögen Sie verstehen, daß uns nicht der Wunsch treibt, das Lectorium Rosicrucianum auszubreiten, sondern das wahrhafte Verlangen, Gott und den Menschen mit unserem ganzen Herzen, unserer ganzen Seele und unserem ganzen Verstand zu dienen. Deshalb spornen wir auch Sie an, sich für das große, heilige Werk einzusetzen.

Um seinen Willen kundzutun, hat Gott schon Boten vorausge-
sandt, nämlich Sterne, die in Serpentarius und Cygnus erschie-
nen sind und die wahrlich als große Zeichen seines erhabenen
Ratschlusses soviel lehren können, wie es in Verbindung mit
den Entdeckungen des menschlichen Geistes seiner verborge-
nen Schrift dienen sollte, damit das Buch der Natur wenig-
stens vor aller Augen aufgeschlagen und enthüllt wird, obwohl
nur wenige es überhaupt lesen oder begreifen können.

Wie es im menschlichen Haupt zwei Organe zum Hören
gibt, zwei zum Sehen, zwei zum Riechen und eines zum Spre-
chen, und man von den Ohren vergeblich das Sprechen for-
dern, von den Augen vergeblich den Sinn für Klänge
verlangen könnte, so hat es Zeiten des Sehens, des Hörens und
des Riechens gegeben. Es bleibt noch, daß in beschleunigtem
und abgekürztem Zeitlauf vollends die Zunge zu Ehren
kommt, damit das, was einst gesehen, gehört und gerochen
wurde, nun endlich ausgesprochen werde, nachdem die Welt
den Rausch aus ihrem vergifteten und betäubenden Becher
ausgeschlafen haben und früh am Morgen der aufgehenden
Sonne mit offenem Herzen, entblößtem Haupte und barfuß
fröhlich und jubelnd entgegengehen wird.

Confessio Fraternitatis R.C., Kapitel VIII

2

Serpentarius und Cygnus (I)

Als Schüler des Rosenkreuzes wissen Sie, daß sich die Zukunft anders gestalten wird als die Gegenwart, und Sie sind zu der Ansicht gelangt, daß eine Welterneuerung kommen wird. Obwohl das keine allgemeine Anschauung ist, sind Sie so vertraut mit dieser Idee, die für Sie nicht nur eine Annahme darstellt, sondern zur gnostisch-wissenschaftlichen Realität geworden ist, daß Sie bereits weiter vorausschauen. Wir befassen uns bereits mit Einzelheiten der neuen Ära, damit Sie nicht mehr im unklaren zu sein brauchen, wenn sich bestimmte Entwicklungen abzeichnen, sondern wir uns unmittelbar auf unser Ziel richten können. Auf dieses Ziel wollen wir uns jetzt besinnen und Einzelheiten besprechen, die sich am Beginn wie auch bei der Durchführung des Neuen zeigen werden und mit denen gerechnet werden muß.

Wie gesagt, der Schüler des Rosenkreuzes ist durchaus imstande, sich umfassend und zuverlässig zu orientieren. Er kennt die wahren Botschafter Gottes, von denen die Confessio Fraternitatis zeugt, und hat sie sprechen hören.

Wir blicken bei unserer magischen Lebensbesinnung auch zu den Sternen empor und wissen, daß die Confessio auf die drei mächtigen Lebensgrundlagen der kommenden Zeit hinweist, nämlich auf die Planeten Uranus, Neptun und Pluto. Als die Confessio geschrieben wurde, waren diese drei Himmelskörper noch nicht von der exoterischen Astronomie entdeckt, aber die Gnostiker rechneten schon seit urdenklichen Zeiten mit diesen wichtigen Mysterienplaneten und wußten, was diese mächtigen Zeichen des göttlichen Ratschlusses bedeuten. Und auch jetzt, in unserer Zeit, da Uranus, Neptun und Pluto bekannt sind, ihre Bahnen beschrieben und ihre Wirkungen von Astrologen lautstark verkündet werden, scheinen nur wenige das Buch der Natur lesen und ergründen zu können, obwohl es in Wahrheit vor aller Augen aufgeschlagen ist.

Uranus, Neptun und Pluto, diese drei göttlichen Kräfte, sind nicht nur erhabene Ideen, zu denen sich die Menschheit allmählich erheben wird, sondern gewaltige Gesetze und Urprinzipien. Sie werden verwirklicht, sie werden über Entartung, Halbheit und Verbrechen siegen, so daß, wie die Confessio sagt: *nachdem die Welt den Rausch aus ihrem vergifteten und betäubenden Becher ausgeschlafen haben wird, sie früh am Morgen mit offenem Herzen, entblößtem Haupte und barfuß der aufgehenden Sonne fröhlich und jubelnd entgegengehen wird.* So weit sind wir aber jetzt noch nicht. Viele Tausende seufzen, wenn der erste Sonnenstrahl sie trifft und aus dem Schlafe weckt. Von Sorge und Kummer bedrückt, sehen Millionen den Sonnengott um die Erde eilen. Jeder Tag bringt neue Grausamkeiten, neue Entartung.

Aber es wird eine Zeit kommen, da jedes Menschenkind mit entblößtem Haupt, offenen Herzens und barfuß, fröhlich und munter der Sonne entgegengeht, wenn sie am Morgen emporsteigt.

Denken Sie nicht, diese Worte der Confessio wären nur eine Beschwichtigung, etwa wie man nervöse Menschen beruhigt: »Morgen ist auch ein Tag, es wird alles wieder gut.«

Mit entblößtem Haupte, offenem Herzen und barfuß der Sonne entgegengehen ist eine sublime, tiefsinnige Formulierung. Es ist die Sprache der Eingeweihten, eine dichterische Andeutung für das Leben der Eingeweihten. Wenn Sie aus Ihrem Schlaf erwacht sind, werden auch Sie es können und wollen.

Mit entblößtem Haupte, offenem Herzen und barfuß der Sonne entgegengehen ist zugleich eine symbolische Andeutung für die drei göttlichen Kräfte: Uranus, Neptun und Pluto. Uranus ist der Erneuerer des Herzens, Neptun der Erneuerer des Hauptes und Pluto der Verwirklichende, Dynamische, Weiterschreitende, der Zerbrecher.

Was heißt es, ein offenes Herz zu besitzen? Das wird meistens völlig mißverstanden oder nur halb verstanden. Einige sagen, ein Mensch mit einem offenen Herzen zeichne sich durch äußerste Empfindsamkeit aus, er sei ein angenehmer Mensch. Ein Gnostiker begnügt sich jedoch nicht mit solchen unbestimmten Andeutungen. Die gnostische Wissenschaft beweist, daß das Herz bei jenen, die sich auf das gnostische Schülertum vorbereiten, auch körperlich eine Veränderung erfährt. Der Teil des Herzens, der sich in unmittelbarer Nähe des Rückgrats, des spinalen Geistfeuers befindet, wird derart verändert, daß das ganze Herz als willkürlicher Muskel arbeitet, so daß der menschliche Geist den Motor des Körpers, den das Herz darstellt, kontrollieren kann. Infolgedessen kann der Schüler unter anderem, wenn es notwendig sein sollte, bewußt die inneren Gebiete betreten.

Die große Veränderung erfahren wir durch die Uranuskräfte. Wenn diese Stufe der Entwicklung erreicht ist, beherrscht der Schüler auch sein Gefühl. Er kann seine Gefühle gezielt einsetzen, er kann mit seinem Herzen denken. Mit anderen Worten: er wird nie mehr das Opfer von Emotionen, des falsch gerichteten Gefühls. Er überschüttet andere nicht mehr mit einem Orkan von unbeherrschten Gefühlen, die ihnen Kummer verursachen und ihr Leben zerstören.

Sind Sie schon einmal einem Menschen begegnet, der mit dem Herzen »denken« kann, der das bewußte Gefühl besitzt? Er erscheint uns manchmal kalt, unbewegt und herzlos, aber in ihm brennt ein loderndes Feuer. Dieses Feuer wird jedoch nicht unnütz vergeudet, es verbrennt und versengt nicht. Es ist das ewige Feuer, ohne Leidenschaft, ohne Emotion, aber es kann gezielt denen zugewandt werden, die in der Dunkelheit umherirren. Es ist das Feuer der Liebe, das keinen Streit verursacht, sondern alles schön und herrlich werden läßt. Erst wenn Sie etwas davon verstehen, dürfen Sie von Liebe sprechen. Sie müssen lernen, mit dem Herzen zu denken und alles andere, was vielleicht sonst noch in Ihnen ist, muß an dem Felsen des unaufhaltsamen Erreichens zerschellen. Vergessen Sie niemals, daß in der Gnosis und in der Mysterienschule der Rosenkreuzer für jeden gilt: alles oder nichts.

Die Uranuskräfte sind in unserer Zeit gewaltig und außerordentlich dynamisch. Sie zeigen sich auch als Intuition. Was ist Intuition? Die Menschen sagen: »Intuition ist ein unvermittelt aufsteigendes Gefühl, ein von außen kommender spontaner Gedanke, manchmal von prophetischer Art.« Aber das sind ungenaue Erklärungen. Intuition in vollkommenem Sinn ist der tägliche Umgang mit Gott, ein ununterbrochenes Leben in Christus; wir sagen: ein Sichabstimmen auf die interplanetarische Welt des Lebensgeistes, so daß die Vibrationen aus jener Welt von Ihrem entsprechend vorbereiteten Körper aufgenommen und Ihrem Bewußtsein eingeätzt werden können. Das ist Intuition.

Uranus ist wie ein Feuer. Es ist der Christus, der zu den Menschen auf den Wolken des Himmels zurückkehren will, wie geschrieben steht. Das heißt, Er will in Sie eintauchen als die weiße Rose und Ihr ganzes System erfüllen, so daß Er als der goldene Stern in den aurischen Wolken Ihres Wesens, im Hintergrund Ihres gesamten Denkens, Wollens und Tuns erscheint.

Aber Sie wissen es, wenn der Christus wiederkehrt, wenn das große, heilige Uranus-Gesetz sich an Ihnen erfüllt, wird eine gewaltige Umkehr die Folge sein. Wenn Sie in diesem Sinne das prophetische Kapitel 24 des Matthäus lesen, werden Sie es besser verstehen.

Außer dem starken individuellen Einfluß gibt es ein allgemein gerichtetes Wirken des Uranus: das sich in dieser Welt erfüllende Gesetz des Christus, den Feuersturm des Aquarius. Dieser Feuersturm erreicht und berührt zuerst das weibliche Geschlecht.

Die Philosophie der Rosenkreuzer lehrt uns, daß die Frau einen positiven Lebenskörper und einen negativen stofflichen Körper besitzt. Durch diese Konstellation sind die Frauen im allgemeinen besser imstande, die Uranus-Vibrationen aufzunehmen, ihre Tatkraft in dieser Welt zu beweisen und den Verlangenden das Feuer der Christusliebe zu reichen. Deshalb wird die Frau in der kommenden Welrevolution eine sehr aktive Rolle spielen und große Kräfte entwickeln. So zeigt sich, daß auch in der Schule des Rosenkreuzes in den letzten Jahren die Zahl der Frauen unter den Schülern ständig zunimmt. Waren früher die Männer in der Überzahl, so sind es jetzt die Frauen. Diese Tatsache ist darauf zurückzuführen, daß auch die Schule des Rosenkreuzes als Vorbereitungsschule für die künftige Aufgabe der Frauen bei den bevorstehenden Umwälzungsprozessen gebraucht wird. Wie die Frau in früheren Jahrhunderten durch ihre Venus-Eigenschaften, durch ihr Opfer die rohe Kraft des Mannes in andere Bahnen zu lenken und das tierische Marswesen zu dämpfen wußte, wird sie erneut ein großes, gewaltiges Opfer bringen müssen, um den intellektuellen Wahn, der die männliche Hälfte unserer Lebenswelle gefangenhält und unter dem die Menschheit unsagbar leidet, zu zerbrechen und das Denken durch das Feuer der Uranusliebe zu erneuern.

So werden die Frauen eine herrliche, große Aufgabe zu erfüllen haben: die allgemeine Errettung durch die tatkräftige Organisation eines rein weiblichen Widerstandes, nicht mit Gewalt und Waffen, sondern in der Kraft des Christus und des Uranusfeuers.

Als negative Reaktion auf die Uranusstrahlung müssen Sie

die Aufstellung militärischer Frauenbataillone in einigen Ländern sehen. Diese falsche Reaktion ist darauf zurückzuführen, daß der Sinn der auf die zukünftigen großen Veränderungen gerichteten Uranuswirksamkeit noch nicht in das allgemeine Bewußtsein gedrungen ist. Wenn Sie bedenken, wozu die Frau fähig ist, wenn Sie ihre Rolle in der Weltgeschichte und bei den politischen Machenschaften betrachten, wissen Sie, daß manches Blatt der Weltgeschichte von der Frau geschrieben worden ist, zwar meistens im Hintergrund, dafür aber nicht minder positiv. Und wenn Sie an den Einfluß denken, den die Frau auf den Mann hat, wird Ihnen klar, daß die Frau dank ihrer Veranlagung durchaus imstande ist, der gegenwärtigen Entwicklung ein Ende zu bereiten.

Wie es im menschlichen Haupt zwei Organe zum Hören gibt, zwei zum Sehen, zwei zum Riechen und eines zum Sprechen, und man von den Ohren vergeblich das Sprechen fordert, von den Augen vergeblich den Sinn für Klänge verlangen könnte, so hat es Zeiten des Sehens, des Hörens und des Riechens gegeben. Es bleibt noch, daß in beschleunigtem und abgekürztem Zeitenlauf vollends die Zunge zu Ehren kommt, damit das, was einst gesehen, gehört und gerochen wurde, nun endlich ausgesprochen werde.

Hiermit ist kein bloßes Gerede gemeint, sondern das Sprechen im gnostisch-wissenschaftlichen Sinn: Sprechen als schöpferisches Fiat, so wie Gott spricht, und es ist. Er gebietet, und es steht. Sprechen als Tat.

Freundinnen, erkennen Sie Ihre Aufgabe. Ergreifen Sie die Initiative. Und verstehen Sie wohl, daß es eine schwere Arbeit, ein Kreuz ist, denn Sie werden sehr viel Widerstand erfahren. Retten Sie die Welt durch Liebe und Tat. Sie verstehen sicher, daß Sie sich dann von Ihren Begrenzungen lösen müssen. Viele Frauen haben einen zu beschränkten Gesichtskreis und meinen, ihre ganze Aufgabe bestünde im Haushalt und in der Erziehung der Kinder. Es gibt so viele primitive Neigungen, wie Muttertrieb und Bedürfnis nach Geborgenheit.

Glauben Sie auch nicht, an der Entartung der Welt wären allein die Männer schuld, die schlaff und ohnmächtig auf die Hilfe der Frauen warteten. Sie werden bald einsehen, daß diese Meinung nicht richtig ist.

In beiden Geschlechtern wohnt der Geist Gottes und drückt sich die hohe Berufung des Menschen aus. Beide Geschlechter müssen in der Welt in völliger Gleichberechtigung zusammenarbeiten. Die Menschheit kann nur gedeihen, wenn sowohl der Mann als auch die Frau ihre gegenseitige Abhängigkeit erkennen und das neue Haus unserer Brüder und Schwestern bauen.

Als Diener des Aquarius erstreben wir mit aller Kraft diese Gleichstellung auf allen Lebensgebieten und zeigen wir unseren Schwestern ihre neue große Aufgabe im künftigen Weltgeschehen: die Welt zu erlösen. Dabei wird alle intellektuelle Überheblichkeit zunichte werden.

Wie die Frauen für das werdende individuelle Leben alles erdulden und ertragen und es in Schmerzen zur Welt bringen und erhalten, so werden sie von der Uranusliebe, der revolutionierenden Kraft des Aquarius gerufen, das Leben der Menschheit zu bewahren und diese auf eine höhere Stufe zu heben.

In Serpentarius und Cygnus strahlen drei Sterne: Uranus, Neptun und Pluto. Es sind mächtige Zeichen des göttlichen Ratschlusses. Von den erhabenen Absichten des Uranus haben wir Ihnen einiges vermittelt, damit Sie darüber nachdenken können. Die regenerierenden Kräfte Neptuns und die Kräfte Plutos, die das Bestehende zerbrechen, sind nicht minder wichtig.

In Serpentarius und Cygnus – der Schlange und dem Schwan – strahlen drei mächtige Botschafter Gottes. Aus der klassischen Schlangenweisheit des Serpentarius und dem Schwan als Symbol der ursprünglichen Reinheit und Liebe erheben sich drei mächtige Kräfte: Uranus, der Erneuerer des Herzens, Neptun, der Erneuerer des Hauptes, und Pluto, der Ausführende, der dynamisch Fortschreitende und Zerbrechende.

Versuchen Sie stets, die ewigen Gesetze Gottes, die aus Serpentarius und Cygnus zu uns kommen, klar zu verstehen.

3

Serpentarius und Cygnus (II)

Die gnostische Philosophie ist eine gefährliche Wissenschaft.
Einer der größten Philosophen aller Zeiten hat gesagt: »Viel
Weisheit bedeutet Verdruß, und wer Wissen vermehrt, vermehrt den Schmerz.«
Dieser Philosoph meinte das innere, gnostische Wissen. Er
hatte erfahren, daß man sich mitten in das Läuterungsfeuer
stürzt, sobald man sich voller Wahrheitsdurst diesem ewigen
Urquell aller Dinge zu nähern versucht. Er hatte erfahren, daß
die Flammen dieses Feuers den inneren Konflikt heraufbe-
schwören, daß sie Vernichtung bedeuten. Er hatte entdeckt,
daß Kräfte frei werden, die nicht mehr gebunden werden können, wenn man sich diesem geistigen Feuer nähert.
Die gnostische Philosophie ist eine gefährliche Wissenschaft. Wenn der strebende Sucher die heiligen Tempel der
Weisheit betritt, gibt es kein Zurück mehr; er muß weiter oder
untergehen. Das ist Bedingung und Weltgesetz.
Der Schüler, der sich durch vollkommene Selbstübergabe
auf den Menschheitsdienst vorbereiten will, erfährt auf seinem
Wege nach oben großen Schmerz. Und so erfährt auch die
menschliche Lebenswelle großen Schmerz auf dem Pfad der
Entwicklung. Schmerzensschreie erfüllen die Welt. Es sind die
Geburtswehen der Menschheit, es ist Weltgesetz. Die höheren
Körper entwickeln sich. Das Weltenrad bewegt sich durch un-
endliche Spiralen. Jede Spirale stellt neue Forderungen. Die
Menschheit wird gezwungen, sich zu orientieren, sich ent-
sprechend einzustellen, mitzugehen. Aber dann kommt die

herunterziehende Kraft des Niederen, der Griff der Kristallisation. Es ist ein zwiespältiger Zustand. Anfänglich erstrebt der Mensch bei seiner ewigen Suche einen Kompromiß, der ihm erlaubt, sowohl das eine als auch das andere zu behalten. Und dann folgt die Vernichtung, der Schmerz. Wer Weisheit vermehrt, vermehrt Schmerz! Oder es kommt der Untergang! Rückgang, Stillstand bedeuten Untergang.

Die weise Vorsehung hat diesen ungeheuren Schmerzensprozeß übereinstimmend mit den Entwicklungsmöglichkeiten der Menschheit in Zeit und Raum bemessen. Die gnostische Philosophie ist darum eine so gefährliche Wissenschaft, weil sie den beschleunigten Prozeß vertritt, der ebenfalls in der Natur der Dinge liegt.

Sicher werden Sie verstehen, daß ein Mensch, der den beschleunigten Prozeß wählt, dementsprechend viele Schmerzen erdulden und viele Konflikte in gedrängter Zeit bestehen und lösen muß. Aber der starke Mensch, der etwas vom wahrhaften Licht erblickt hat, der den strahlenden Glanz am Horizont des Lebens sieht, überschreitet den Rubikon, um sich dem Heer der Pioniere anzuschließen.

Der Mensch, der das Gottesbemühen, das Leiden Christi in dieser Welt und mit dieser Welt erkennt, wählt mit frohem Jauchzen den beschleunigten Prozeß, weil er helfen, weil er Gott und Mensch erlösen und zum Ziel führen will. Dieser beschleunigte Prozeß ist der klarste Beweis für das universelle Liebesgesetz. Gäbe es nicht die Möglichkeit, den Pfad zu gehen, so würde das einen Mangel in der Verwirklichung des Alls bedeuten.

Es gibt zwei Wege der Befreiung. Wir wollen sie den Pfad der Liebe und den Pfad der Gesetzmäßigkeit nennen.

Wenn Sie jemanden aus den Höllenschlünden der niederen Kräfte retten wollen, werden Sie ihn doch nicht im Zeitlupentempo hindurchführen, sondern ihn mit festem Griff fassen und schnell ins rettende Licht hinaufziehen. Das ist Liebe.

Empfinden Sie nicht das geheimnisvolle Drängen in Ihrem Leben? Spüren Sie nicht, wie der Atem Gottes Sie immer wieder berührt? Hören Sie nicht den Ruf Gottes in der Welt? Verstehen Sie nicht die Sprache der Liebe? Spüren Sie, sehen Sie die heilige Gegenwart? Begreifen Sie das Liebesbemühen, welches Sie aus der Täuschung, aus Ihrer Beschränkung zur wahren Freiheit erheben will? Spüren Sie, wie es Ihre Seele zerreißt, wenn der Ruf zu Ihnen dringt und Sie ihm kein Gehör schenken können, weil das Niedere Sie bindet und hält? Versuchen Sie nicht, es mit Ihrem Verstand zu erfassen. Erfassen Sie es mit Ihrem innersten Gefühl, dann werden Sie erkennen, daß der Pfad der Einweihung der Pfad der Liebe ist. Wenn Sie auch nur einen Hauch davon verstehen, haben Sie Ihren Fuß bereits auf den Pfad gesetzt, dann werden Sie aus dem Strudel der Zeit herausgehoben in die ewige Unerschütterlichkeit Gottes. Dann erheben Sie sich in die weite, gestaltlose Klarheit der Liebe. Eine solche Liebe hat der Vater uns erzeigt, indem er uns seinen Sohn sandte: den Christus.

Er ist es, den wir lieben mit unserer ganzen Seele, mit unserem ganzen Herzen und mit unserem ganzen Verstand. Das ist das heilige Kriterium der Bruderschaft des Rosenkreuzes. Das ist der Sauerteig des Aquarius. Hören Sie gut: es ist der Christus, dem wir dienen!

Aber wir wollen es in Tat und Wahrheit tun. Wir sind in esoterischem Sinn revolutionär, weil wir das geheimnisvolle Liebesbemühen in unserem Leben erfahren haben, weil wir der Menschheit den Weg der Befreiung zeigen wollen und ihr auf diesem Pfad vorangehen möchten.

Wie unser Vater Christian Rosenkreuz, das mystische Haupt der Bruderschaft des Rosenkreuzes, mit ausgestreckten Händen zur Menschheit kam und seine Geheimnisse und seine Schätze, das geistige Gold, anbot, so ist es unsere Aufgabe, sein Werk nach seinem Vorbild in Selbstverleugnung und Liebe fortzusetzen.

Wenn Sie hiervon etwas erfühlen oder verstehen, können wir mit Ihnen über Neptun, einen der erhabenen Botschafter des göttlichen Ratschlusses sprechen, so wie wir im vorigen Kapitel über Uranus gesprochen haben.

Wir haben Uranus den Erneuerer des Herzens und Neptun den Erneuerer des Hauptes genannt. Hier zeigt sich wieder, daß die kosmische Baukunst mit den Grundlagen des Christentums übereinstimmt. Wollen Sie aus der Finsternis zum Licht hindurchbrechen, so ist zuerst eine Erneuerung des Herzens notwendig: Uranus.

Wollen Sie als Wiedergeborener im Geist erwachen, dann ist es vor allem notwendig, in Christus zu sterben: Uranus. Will die Welt aus tiefster Erdennacht zu einer neuen Morgenstunde erwachen, so müssen die Bedingungen dafür geschaffen werden, daß Christus verstanden werden kann. Dann müssen die Wege geebnet werden, auf denen Sie Christus begegnen können: Uranus.

Wenn Sie Gott durch Neptun verstehen wollen, müssen Sie den Christus durch Uranus verstehen:»Niemand hat Gott je gesehen, aber der Eingeborene aus dem Vater hat Ihn uns erklärt.«»Wie können Sie Gott lieben, den Sie nicht sehen, und gleichzeitig Ihren Bruder hassen?« Wie können Sie abstrakt religiös sein und in der Realität die Religion ablehnen?

Daher steht vor allem, vor jeder weiteren Besinnung: der Christus. Er ist alles in allem, der goldene Schlüssel zu Gottes Tür. Das ist die Botschaft des Uranus, das ist das Wesentliche aller gnostischen Magie. Wenn Sie die Christus-Synthese bei Ihrer magischen Besinnung vergessen, übergeben Sie sich der schwarzen Magie. Wenn Sie die Uranus-Botschaft in dieser Welt abweisen, ziehen Sie die Finsternis dem Licht vor.

Darum steht, wie die symbolische Geschichte uns erzählt, als erstes im Grabgewölbe des Christian Rosenkreuz das Wort eingemeißelt: *Jesus mihi omnia − Jesus ist mir alles.*

So wollen wir durch die Pforten des Uranus weitergehen zu Neptun und die Schleier der Isis beiseite schieben. Das Christusfeuer dringt ein durch die Pforten der weißen Rose. Es ist das Läuterungsfeuer, welches das Herz berührt und die Hypophyse zu erhöhter Vibration anregt. So bricht die Nacht herein. Wenn Christus zu uns gekommen ist, wenn der Tag sich geneigt hat, folgen naturgesetzmäßig die nächtlichen Stunden. Dann werden wir in die Weltennacht gesandt, um unsere Arbeit als wahre Boten des Lichtes zu verrichten. Wer durch das Christusfeuer zur Fackel wurde, ist ein Helfer. Er trägt das Kreuz. Wissen Sie, was es bedeutet, Christus in der Erdennacht zu dienen? Es bedeutet, das Kreuz auf sich zu nehmen, und das bringt Schmerz.

Aber auf die Nacht folgt die Morgenstunde, die Morgenstunde des Erreichens. Neptun, der Göttliche, kommt zu uns in der Morgenstunde. Und er hinterläßt seine Spuren in dem wunderbaren, feinen Organ, das wir alle besitzen: in der Pinealis. Dort, auf dieser Schädelstätte, wird der Kreuzestod vollendet und fahren wir in der Auferstehung auf zur Mittagshöhe, wo die Kräfte des Heiligen Geistes — Pluto — triumphieren, wo die Flammen des Pfingstfeuers emporschlagen und der Schleier der Isis für immer fällt. Dann erstrahlt das Diadem auf der Stirn der menschlichen Seele, dann wird das schöpferische Fiat gesprochen und vernommen. Dann ist der Mensch wahrhaft Mensch geworden.

Neptun ist der Erneuerer des Hauptes, der Mensch, der nach Gottes Bild geschaffen ist. Das Haupt ist der Verkünder der Gottesidee. Das ist der Pfad des Schülers, der Pfad des Gotteskindes.

Aber die Menschheit als Masse ist noch an das Niedere gebunden. Die Stimmen der geistigen Kräfte können von ihr noch nicht vernommen werden, und doch ist Neptun wirksam. Wie der Vater durch den Sohn wirkt, so wirkt der Sohn durch den Vater.

Wenn der gerufene Mensch sich noch an das Niedere bindet

und sich nicht befreien will, erscheint Neptun als Vergifter, als Bringer des Chaos, als Krisenbringer, als Förderer des Verfalls, als Verursacher des Krebses, als der Gott des Alten Bundes. Sie werden jetzt verstehen, weshalb Sie das Alte Testament in Ihrer Bibel haben. Gott ist ein verzehrendes Feuer, wenn der Mensch das Christusfeuer nicht annehmen will. Erkennen Sie die elektrische, nervöse Spannung unserer Zeit als den Uranusruf, und den sich gesetzmäßig vollziehenden Untergang als den neptunischen Vergiftungsprozeß, auf den der Tod durch Pluto folgt. Finster ist das Antlitz der Menschheit. Mit gebeugtem Haupt geht sie ihren Weg.

Doch Neptun ist gleichzeitig der Erneuerer des Hauptes und der »Entgifter«, der Erneuerer vom Anbeginn, der heilige Schöpfer, aus dem und durch den alle Dinge sind. Deshalb erklingt wieder der Ruf der Befreiung in der Welt. Deshalb spricht die Confessio Fraternitatis über die Zeichen des göttlichen Ratschlusses, die in Serpentarius und Cygnus strahlen. Deshalb erklingt in dieser zerbrochenen Welt der Ruf Neptuns zur Erneuerung des Hauptes, zur Auferstehung.

Die Diener Gottes, die Schüler der Mysterienschule, folgen diesem Ruf und unterziehen sich dem gesamten Prozeß der Erneuerung. So stellen wir uns nach der mystischen Besinnung mit beiden Füßen auf die harte Erde und beginnen mit unserer Aufgabe.

So wie Uranus unter anderem den Anstoß zur Frauenbewegung gibt, so bringt Neptun ein neues Erziehungs- und Bildungssystem, die »neue Schule«, wie sie heute schon in den Schulen des Rosenkreuzes verwirklicht wird. Die neue Schule wird die reifere Jugend nach jenen Richtlinien führen, die ihr von den Älteren Brüdern der Menschheit gegeben werden, um schließlich alle höheren Kräfte des Menschen zu entwickeln und ihn seiner wahren Bestimmung in der Aquarius-Ära zuzuführen: der Einheit von Geist, Seele und Körper.

Wir leben in einer Zeit, in der sich das gesamte Unterrichtssystem nach den Forderungen der herrschenden Naturordnung richtet. Die Knaben und Mädchen werden zu Handlangerdiensten für die sanktionierte Entartung abgerichtet. Die Jagd nach Diplomen ist die Ursache für viel frühes Leid. Den besten Lügnern und geschicktesten Betrügern geht es materiell gut, und ihr Weg wird der Jugend als Ziel wahrer Menschlichkeit vorgehalten. Und Sie, die Eltern, die Ihre Kinder aus Familienstolz auf die Oberschulen und Universitäten schicken, wissen Sie, was Ihre Kinder auf dem Gymnasium und dergleichen Unterrichtsanstalten erwartet? Daß diese aller Ewigkeitswerte bar sind? Daß Sie Ihre Kinder allmählicher, furchtbarer Vergiftung ausliefern?

Sie tun es, weil man Diplome fordert, völlig wertlose Papiere, wie die Praxis tausendmal bewiesen hat. Und Sie schützen Ihre Sorge vor! Zeigt sich nicht auch hier, daß die Eltern die größten Feinde ihrer Kinder sein können, wie ein großer Pädagoge gesagt hat?

Genug davon, Sie können es selbst feststellen. Aber es kann nicht bei der Feststellung bleiben. Daran erkennen Sie den Schüler der Gnosis, den Diener des Feuers, daß er mit dem Morschen und Kristallisierten bricht und das neue Haus baut. Das neue Unterrichtssystem wird sich harmonisch dem einen Ziel des Daseins fügen und eine Vorbereitung sein auf Berufe, die der Menschheit dienen, und zwar ohne die gesellschaftlichen Lügen unserer Zeit und ohne die verdummenden Einflüsse des Verfalls.

»Wer Weisheit vermehrt, vermehrt Schmerz.« Da Sie sich nun auf diese Dinge besinnen und der Horizont Ihres Denkens sich erweitert, werden Sie entdecken, daß es viele Konsequenzen auf sich zu nehmen gilt. Wenn Sie sich mit uns am Aufbau beteiligen wollen, wenn Sie sich bei den Pionieren einreihen, erwartet Sie viel Schmerz. Die innere Wissenschaft, die Sie zu Tat anspornt, beschwört den inneren Konflikt herauf und drängt Sie zur Zerbrechung. Deshalb ist die gnostische Wissenschaft eine gefährliche Wissenschaft.

Aber ihr einziger Inhalt ist Liebe. Spüren Sie dieses geheimnisvolle Drängen in Ihrem Leben? Empfinden Sie, daß der Atem Gottes immer wieder über Sie hinstreicht? Empfinden Sie diese heilige Gegenwart? Verstehen Sie dieses Liebesbemühen, welches Sie aus Ihrer Täuschung, aus Ihrer Beschränkung zur wahren Freiheit erheben will? Sie erkennen es und verstehen es, und deshalb können Sie nicht mehr zurück. Wenn die heilige Gegenwart Sie berührt hat, schließt sich der magische Kreis um Sie, aus dem Sie nicht mehr entrinnen können. Und mit gefalteten Händen stammeln Sie mit uns das gewaltige Gebet des Christian Rosenkreuz: *Jesus mihi omnia!*

4

Serpentarius und Cygnus (III)

Wir haben entdeckt, daß mit den mächtigen Zeichen des gött-
lichen Ratschlusses, auf die im Kapitel VIII der Confessio
Fraternitatis hingewiesen wird, die drei Mysterienplaneten
Uranus, Neptun und Pluto gemeint sind. Uranus ist der Er-
neuerer des Herzens, Neptun der Erneuerer des Hauptes und
Pluto schließlich der Neugestalter.

Durch Uranus lernen Sie, mit dem Herzen zu »denken«, mit
anderen Worten, Ihre chaotischen Gefühle zu beherrschen, so
daß Ihr Gefühlsleben als wahre Christus-Synthese, als rechter
Ausdruck des Herzens nicht mehr verwunden, schaden und
verletzen kann, sondern, beherrscht und ausgerichtet, alles
gut, rein und schön werden läßt. Das ruft in unseren Tagen im
Gefühlsleben Verwirrung hervor. Wie ein Sturmwind wütet die
Vernichtung in Ihrem Wesen. Zerreißend, wirbelnd, zerstörend
breitet sie sich aus, erfaßt die Besten von uns und unterwirft
sie der Prüfung. Es vergeht kein Tag, an dem Sie nicht von
Ehezerrüttungen und einschneidenden unheilvollen Geschch-
nissen hören, Männer klagen über ihre Frauen, Frauen über
ihre Männer. Männer und Frauen vernichten bewußt oder unbewußt das Glück, den Frieden und die Entwicklung, das Kar-
ma anderer.

Es ist verständlich, daß jene, die am meisten von Uranus beherrscht werden, auch zuerst von der negativen Uranus-Wirk-
samkeit erfaßt werden. Es ist aber auch verständlich, daß sich
der Feuersturm des Aquarius nicht in einem Chaos des Ge-
fühlslebens auswirken darf. Denn wenn man in dieser Nega-

tivität verharrt, wird die Himmelfahrt, an die man zunächst geglaubt hatte, zur Hölle. Es gibt nicht einen unter uns, der nicht auf die eine oder andere Weise diese Prüfung über sich ergehen lassen mußte, in ihr steht oder sie noch erfahren wird. Es kommt darauf an, ob Sie in dieser Prüfung unterliegen und für die neue Ära als ungeeignet befunden werden, oder ob Sie sie bestehen und für den anderen Feuersturm des Aquarius wiedergeboren werden.

Sie erreichen diese Wiedergeburt, indem Sie die wahre Bedeutung des himmlischen Christuszeichens verstehen sowie durch Selbstverleugnung und Negierung des Selbstes. Der mystische Uranus sagt:»Wer sein Leben verlieren will, wird es behalten.« Das bedeutet die totale Verneinung des Persönlichen, das Zerbrechen Ihrer Fesseln; das heißt, den eigenen Kreis verlassen, um der Menschheit zu dienen und bewußt das kollektive Leiden und die Schmerzen der ganzen Menschheit auf sich zu nehmen und in ihr den göttlichen Funken zur Tat zu erwecken. Die Selbstverleugnung, die Unpersönlichkeit, das»alles in allem sein« ist eins der befreiendsten Elemente der Bergpredigt.

Was ist in unserer Zeit am wichtigsten? Daß Sie glücklich sind? Daß Sie die Befreiung erlangen? Daß Sie dem Körper, der Seele oder dem Geist nach geborgen sind? Denn das ist doch das Ziel des üblichen Strebens! Man sucht Befriedigung der Persönlichkeit, die doch niemals auf diese Weise erreicht wird. Das ist Ihr Suchen nach dem Himmel, primitive Christen! Wenn Ihre Angehörigen und vor allem Sie selbst nur erst den Himmel gewinnen, ist alles in bester Ordnung.

Es geht jedoch um Gewaltiges: um die Befreiung der Menschheit. Darum kommen die Großen des Geistes zur Menschheit. Darum duldet und leidet der Christusgeist, und darum haben vor Jahren Pioniere»Gehorsam dem Werk« zum Leitgedanken erhoben. Gehorsam dem Werk, der heiligen Arbeit Gottes. Dafür muß alles zurücktreten.»Wer Vater oder Mutter mehr liebt als mich, ist meiner nicht wert«, sagt Christus. Mit anderen Worte: Soll der innere Christus in Ihnen geboren werden, soll wahre Befreiung und wahres Glück gefunden werden, dann kennen Sie den Weg.

Das ist die Aquarius-Bewegung der Positivität; das heißt, Christus dienen. Das ist die Aquarius-Bewegung, die Sie zur Erneuerung des Hauptes, zu Neptun, führen muß. Reagieren Sie negativ auf Uranus, so folgen unvermeidlich die Vergiftung und Zerstörung des negativen Neptun. Unternehmen Sie jedoch das große Wagnis, welches das Christentum von Ihnen fordert, so bricht der göttliche Lichtglanz Neptuns durch, dann folgt auf die Erneuerung des Herzens, auf die Verwirklichung der wahren Liebe, die Erneuerung des Hauptes, das Erwachen im abstrakten Sein, das den göttlichen Funken entflammt. Das brennende Feuer verzehrt die Schleier der Isis, und es geschieht das große Wunder. Nach dem *Jesus mihi omnia* – *Jesus ist mir alles* jubelt der befreite Bruder des Rosenkreuzes: *Jesus, Deus et Homo* – *Jesus, Gott und Mensch*. Gott und Mensch sind vereint. Der verlorene Sohn ist heimgekehrt.

Jedoch die Confessio Fraternitatis will vollständig sein. Deswegen müssen wir jetzt über Pluto sprechen. Bei aller Wirksamkeit von Uranus und Neptun in der Welt ist Plutos Wirksamkeit für den klaren, wachen Menschen schließlich am wichtigsten. Pluto ist der Energische, der Fackelträger, der die Fackel in das vermoderte Haus, in das Morsche und Überlebte wirft.

Es ist sehr schön, darüber zu sprechen, aber wie verwirklichen Sie es? Wie reißen Sie das Morsche, Jämmerliche aus dem Herzen und aus dem Haupt? Wie befreien Sie sich aus dem Elend? Verstehen Sie, daß das am wichtigsten ist? Dazu haben Sie den Plutogeist nötig.

Es gibt Menschen, die ihr ganzes Leben lang als »liebe Kinder« umherlaufen, mit ihren Idealen, ihren Programmen, mit Weihnachtsgeschwätz, Karfreitagstränen und Ostereiern. Wenn sie aufgegessen sind, ist die Freude vorbei. Daher wird die Menschheit in die Hölle geschleudert, die sie sich selbst bereitet hat, samt Kirchen- und Psalmengesang, samt Dichtern, Denkern und hausbackenen Philosophen, samt Rosenkreuz-Schülern und anderen esoterisch Orientierten. Samt ihren Büchern und Formeln werden die Menschen in die Hölle geworfen.

Wer wahrlich Christ ist, handelt!»Nicht alle, die Herr, Herr zu mir sagen, sondern die den Willen meines Vaters tun, kommen in das Himmelreich.«»Was ihr dem Geringsten meiner Brüder getan habt, habt ihr mir getan.« Das ist Pluto.

Wenn Sie von diesem Geist durchdrungen sind, können Sie Pluto verstehen, den Verwirklichenden, den Zerbrechenden, den Neugestalter. Pluto ist bei der individuellen gnostischen Befreiung der Neugestalter, der Regenerator des heiligen Schöpfungsvermögens des Menschen. Das Höhere läßt sich nur in jenem Maße verwirklichen wie das Niedere gezähmt und neutralisiert wurde. Und was für den einzelnen gilt, gilt auch für die Allgemeinheit!

Die Entwicklung der Menschheit vollzieht sich nach einem bestimmten Plan. Sie lernen als Schüler der Geistesschule, daß jeder Geist eine schöpferische Entität nach Gottes Bild und Gleichnis werden muß. Daher muß er sich dem Dienst an der Befreiung der Menschheit weihen. Denn diese Arbeit bildet die Grundlage für die weitere – in Spiralen verlaufende – Entwicklung und eine Stufe auf dem Pfad der Menschheit. Dazu müssen alle Behinderungen in Ihrem Leben verschwinden, und deshalb wird jeder Mißbrauch der Schöpfungsfunktionen schwer bestraft. Diese Arbeit verrichtet Pluto – der Heilige Geist des Lebens.

Er verrichtet sie durch uns, durch die Menschheit. Die einzelnen Völker sind sich gegenseitig eine Prüfung, weil die Masse noch zu unbewußt ist. Deshalb sind heftige Erschütterungen nötig. Wir erwarten sie klar und bewußt. Wir kennen die regenerierende Wirksamkeit des göttlichen Ratschlusses, den Er in Serpentarius und Cygnus offenbart hat, und darum wollen wir einsetzen: unser ganzes Herz für die Uranusaufgabe, unseren ganzen Verstand für die Neptunaufgabe und die verwirklichende neugestaltende Tat Plutos.

So dienen wir Ihm, der ist, der war und der sein wird, dem Herrn des Lebens, dem Christus, der das All erfüllt, dem Anfang und Ende allen rosenkreuzerischen Strebens. Dieser Christus hat sich nach der ewigen Ordnung des universellen Liebesgesetzes der Erde gefangen gegeben. Nun tropft das Blut dieses Heiligen in eintönigem Gleichmaß hinunter in den Garten Gethsemane – das Ringen hat erneut begonnen.

Und die Menschheit schläft ruhig weiter. Der Schmerzensschrei des Leidenden erschüttert die ganze Welt:»Könnt ihr nicht eine einzige Stunde mit mir wachen?«Und es folgen die so entsetzlichen, wie bitterer Hohn klingenden göttlichen Worte:»Schlaft nur weiter. Seht, er, der mich verraten wird, ist nahe.«

*Wie Gott solche Zeichen und sogar sein Alphabet bunt in die
Heilige Schrift eingestreut hat, so hat Er sie auch bei dem
Wunderwerk der Schöpfung den Himmeln, der Erde und den
lebenden Wesen deutlich eingeprägt, damit wir, wie der Astro-
nom Sonnen- und Mondfinsternisse voraussieht, ebenfalls die
Verfinsterung der Kirche und ihre Dauer im voraus erkennen.
Diesen Buchstaben haben wir ausnahmslos unsere Magie
entnommen und uns daraus eine neue Sprache zusammen-
gestellt, durch die zugleich das Wesen der Dinge ausgedrückt
werden soll, weswegen es nicht erstaunlich wäre, wenn wir in
den übrigen Sprachen und in diesem Latein weniger vortreff-
lich sind, die, wie wir wissen, keineswegs nach der Sprache
Adams oder Henochs klingen und von der babylonischen
Sprachverwirrung entweiht wurden.*

Confessio Fraternitatis R.C., Kapitel ix

5

Die neue Sprache der Magie

Wer die Confessio studiert, wird sicher verstehen, daß diese alte Schrift kein Glaubensbekenntnis im üblichen Sinne ist, also nicht eine dogmatische Darlegung dessen, was sich mit der Überzeugung der Rosenkreuzer vereinbaren läßt oder nicht, sondern daß diese Confessio sich bei näherer Betrachtung als gewaltige Prophetie erweist.

Wenn Sie die primitive, manchmal so einfältig anmutende exoterische Ansicht außer acht lassen, geht Ihnen ihr universeller, unendlicher Sinn auf, und Sie sehen, daß sich der leuchtende Weg der Wahrheit wie ein weiter Bogen von Horizont zu Horizont spannt.

Dieser Bogen der Verheißung widerspiegelt alle sichtbaren und unsichtbaren Farben, die in Wirklichkeit den Klängen der Sphärenharmonie innewohnen, so daß wir nicht nur von einem Farbenspektrum, sondern auch von einem Klangspektrum sprechen können. Es handelt sich hier um ein Gesetz, gegen das ein magischer Künstler niemals verstößt wird. Wenn der Sucher den rechten Schlüssel zu dieser alten Weisheit anwendet, erschließt er einen so gewaltigen, alles durchdringenden Strom der Weisheit, daß er davon überwältigt wird.

Es gibt im astralen Feld einen Ort, welcher der Heilige Berg genannt wird. Der Schüler, der sich dem Heiligen Berg zum ersten Mal nähert, versucht, ihn zu besteigen. Mit ungestümer Energie will er die steilen Felsen erklimmen, denn beim Anblick des Berges denkt er an eine Prüfung. Er streckt seine

Hände aus und spannt seine Muskeln an. Aber wenn er nach den ersten Felsvorsprüngen greift, um sich hinaufzuziehen, greifen seine Hände ins Leere: die Felsen sind unwirklich. Der Heilige Berg ist kein Steinmassiv, sondern er besteht aus Kraft. Bei dieser Entdeckung schwindelt es dem Schüler. Dann versucht er, in das Innere des Berges einzudringen. Aber beim ersten Schritt wird er zurückgeworfen. Er prallt gleichsam mit dem Kopf gegen eine Wand – der Heilige Berg verändert sich für ihn ins Gegenteil. Die Kraft manifestiert sich als Materie. Das ist die Illusion unserer Ära, eine Illusion, die sogar die Philosophen scheitern läßt. Über sie strauchelte ein Hegel mit seiner Dialektik, der Wahnvorstellung über das Verhältnis von Kraft und Materie und ihre Wechselwirkung in dieser geschändeten Naturordnung. Der Mensch hält sich an die Materie, um sich emporzuentwickeln; er will seinen Aufstieg mit Hilfe der Materie verwirklichen. Doch dabei entdeckt er, daß die materiellen Formen relativ sind, daß sie im Grunde gar nicht existieren, daß sie fiktiv, vergänglich sind. Er gerät in eine Krise. Und deshalb versucht er bei der Entdeckung, daß Materie Kraft ist, durch die Materie hindurchzubrechen, aber dann offenbart sich die Dialektik. Die Kraft wirft ihn zurück, und er findet sich in der Relativität. Er verletzt sich an einer Tonscherbe. Das klassische Hiobsdrama wiederholt sich tausendfach.

Der Mensch, der »Hiob« nicht bejaht, der »Hiob« nicht kennt, schließt sich in der Dialektik ein. Auf den Aufstieg folgt der Fall, auf den Fortschritt der Rückschritt – in ewiger Folge. So bleibt das Geheimnis des Heiligen Berges ein unlösbares Rätsel.

Von Hiob heißt es: »In alledem sündigte Hiob nicht«. Sein Glaube und sein Vertrauen blieben unerschütterlich.

So findet der Schüler die Methode, mit der er den Berg öffnen kann. Er spricht das Wort, es erklingt die magische Formel, worauf der Bogen des Herrn sich zeigt. Das Tor öffnet sich, der Pilger kann eintreten. Welches Wort, welche magische Formel wird gesprochen? Durch welches Wunder wird alle Dialektik aufgehoben? Das große Wunder liegt in der Einfachheit der Dinge. Sie kennen das magische Wort. Sie finden es in Ihrer Bibel. Sie haben es in Ihren Gebeten zerredet. Sie haben es ausgehöhlt, so daß es seinen Sinn verloren hat.

Die magische Formel, mit welcher der Schüler das Tor des Heiligen Berges öffnet, ist das Wort Christi, des Stifters der christlichen Mysterien: »Dein Wille geschehe«.

Wenn ein Mensch diese Worte ohne rechtes Verständnis spricht, kommt über ihn die Ruhe, die Erwartung, der Gedanke, daß eine Kraft von außen, daß Gott es schon machen wird. Aber der Schüler auf dem Pfad, der entdeckt hat, daß der universelle Allwille sich in seinem tiefsten Wesen manifestiert und sich durch ihn offenbaren will, der Schüler, der durch selbstaufopfernden Liebesdienst zum Heiligen Berg hindurchgebrochen ist, kennt die Ruhe der Sicherheit, kennt die Gotteskraft, die in ihm wohnt. Und er tritt zum Heiligen Berg mit diesem Wort, das nicht oft ausgesprochen werden sollte. Wie Moses in der symbolischen Erzählung im Alten Testament mit seinem Stab, mit seiner Magie den Berg spaltet und das Wasser des Lebens hervorbraust, so nimmt der Berg des Erreichens den dazu gereiften Schüler auf. Er wird von der unermeßlichen Weisheit des lebendigen Wassers überflutet. Er wird aufgenommen ins grenzenlose Sein, aus dem kein Rückfall mehr möglich ist.

Alle Weisheit beschirmt sich selbst. Sie können die Weisheit nicht mit unheiligen Händen ergreifen. Und doch ist sie für jeden. Früher wurde alle Weisheit durch die engen Kanäle der Mysterienschulen ausgestrahlt, weil es damals nicht anders möglich war. Denn die Weisheit konnte von dem damals noch unentwickelten Menschen nur auf diese Weise ergriffen werden.

Aber jetzt wird Sie eine neue Sprache der Magie gelehrt, die nicht wir erfunden haben, sondern die bereits in der Confessio Fraternitatis erwähnt wird und in diesen gewaltigen Jahren Macht über uns erhält.

Die Aufgabe der Mysterienschule, des Lehrers, der Älteren Brüder, der Religionen und aller anderen Hilfsmittel hat sich durch das Eingreifen des erhabenen Christusgeistes in unserer Zeit völlig gewandelt. Jetzt geht es um den Weg und das Leben selbst.

Alle Großen des Geistes haben sich während des Involutionsstadiums und am Anfang des beginnenden Evolutionsprozesses bemüht, in den Pioniergruppen alle Werte zu entwickeln, die den Menschen befähigen, zum Berg des Erreichens hindurchzubrechen. Ihr geistiger und stofflicher Organismus ist vollständig ausgerüstet, ebenso wie der Pfad bereits seit Äonen geebnet ist. Der Bogen der Verheißung strahlte schon in Noahs Tagen am geistigen Firmament.

So bildet der Pfad die Grundlage, die goldene Brücke zum Ziel. Christus und seine Diener arbeiten an der Instandhaltung dieser Brücke, die fortwährend von den schwarzmagischen Kräften angegriffen wird.

Und hier ist das Leben selbst, hier sind Sie. Sie müssen diesen Weg in der Kraft Christi gehen, Schritt für Schritt. Nicht der Pfad, sondern das Leben selbst ist das Ziel. In diesem Werk der ewigen Schöpfung, in dem die Menschen als jungfräuliche Geister eine Hauptrolle spielen, geht es um das Bewußtwerden der menschlichen Wesenheiten. Das ist das große Drama, das die Menschen schon seit Jahrmillionen miteinander aufführen.

So liegt es ebenfalls in der Entwicklung, daß auch die Mysterienschulen, wie wir sie von früher kennen, aufgehoben und vollständig erneuert werden. Als Christus die Heiler aussandte und diese nach vollbrachter Arbeit begeistert und voller Kraft zurückkehrten, sprach er zu ihnen:»Wahrlich, ich sage euch, ihr werdet größere Dinge tun als diese«. So wie jetzt der Christus und seine Helfer für Sie die Brücke zum Erreichen bilden und diese instandhalten, müssen Sie später für Ihre Brüder und Schwestern, die den Pfad noch nicht gefunden haben, die Brücke sein. Darum werden alle, die den Ruf gehört haben und die innere Stimme vernommen haben, alle, die sich dieses Rufes bewußt geworden sind, zum Heiligen Berg getrieben. In diesem Berg werden sie zum goldenen Stein, dem Stein der Weisen, werden sie eingebaut in den Bogen des Herrn, in die goldene Brücke.

Wenn Paulus sagt:»Wirket eure Seligkeit mit Furcht und Zittern«, so bedeutet das nicht: Jeder sorge für sich selbst. Er setzt vielmehr voraus, daß in der Bruderschaft wahre Freundschaft herrscht. Niemand kann seine Befreiung ohne die Befreiung des anderen erreichen. Alle müssen wir aufeinander warten. Zusammen bilden wir eine einzige Hierarchie von Wesen, *einen* Körper, *einen* pulsierenden Organismus.

Weil sich letzten Endes aller Haß und alle Feindschaft gesetzmäßig in Liebe und Freundschaft wandeln müssen, sind Feindschaft und Haß unsinnig. Darum sollen Sie Ihre Feinde lieben und denen wohltun, die Sie hassen. Das ist die Erfüllung des höchsten Gesetzes und der Propheten. Das ist die höchste Logik, die Sie erfassen können.

Aber das Liebesgesetz ist nicht sanft. Es fordert alles oder nichts! Das Liebesgesetz bedeutet nicht Pazifismus. Es wirkt zerbrechend.

Gott ist Liebe, so spricht man der Bibel nach. Aber Gott ist auch ein verzehrendes Feuer. Wenn das Liebesgesetz an Ihnen und in Ihnen erfüllt werden soll, ist ein absoluter Bruch mit allem alten notwendig. Liebe wächst nicht auf einem verdorbenen Boden, Liebe gedeiht nicht in der Finsternis, Liebe sucht keinen Kompromiß.

Wahre Liebe ist das Absolute von Anbeginn. Damit ist alles gesagt. Diese Liebe überwindet und zerbricht alles, was sich ihr widersetzt. Die Liebe vermag alles. Sie müssen die Brücke zum Erreichen durch Aufopferung und Dienen bauen. Durch Ihr Opfer können die Brüder und Schwestern über Sie hinwegziehen, können auch Ihre Hasser und Feinde einen neuen Schritt in der menschlichen Entwicklung tun. Jede Seele, die an der gewaltigen Aufgabe mitwirkt, kann dazu beitragen, viel Blutvergießen zu verhüten. Jede Seele, welche die rufende Stimme hört, sie aber abweist, spricht sich selbst ihr Urteil.

So haben wir jetzt die neue Sprache der Magie gesprochen. Die Zeichen dieser Sprache sind im Wunderwerk der Schöpfung klar und deutlich den Himmeln, der Erde und den Tieren eingeprägt, so daß wir im voraus wissen können, was kommen wird. All diesen Zeichen haben wir unsere Magie entlehnt. Wir sprechen in diesen Jahren eine neue Sprache, weil wir auf die alte Art, im alten Latein, nicht mehr sprechen wollen und können. Die alten Sprachen, die alte Anschauungsweise, unter denen die Menschheit lebt und leidet, stimmen nicht mehr mit der Sprache Adams und Henochs überein.

»Adam« ist der Pfad der Menschheit. »Henoch« ist der Pfad der Einweihung. Auf keine einzige Weise wird man sich »Babel«, dem Tor des Erreichens, nähern können, wenn man an der alten Sprache, der babylonischen Sprachverwirrung, festhält.

Erkennen Sie das Kriterium unserer Zeit, das entsetzlich Bedrückende? Alle Befreiungssysteme, die in dieser Zeit von Menschen erdacht wurden, halten sich an die alten Sprachen. Aller Idealismus ist an das »alte Latein« gebunden. Kirche und Religion sind ihm stark verhaftet.

Die Mysterienschule ist jetzt an die Öffentlichkeit getreten, weil sogar Sucher auf dem esoterischen Pfad, sogar ernsthaft Strebende sich doch immer noch mehr oder weniger im »alten Latein« ausdrücken, sich weiter an diese Welt mit ihrer sanktionierten Unwahrhaftigkeit klammern. Darum muß zuerst eine neue Sprache der Magie die Himmel aufreißen. Daher muß die Welt bis in ihre Grundfesten erschüttert werden. Denn das Liebesgesetz mit seinem »Alles oder Nichts« verlangt es so. Dann wird man die Sprache »Adams« und »Henochs« hören und verstehen, und die Mysterienschule wird ihre Aufgabe in vollem Umfang erfüllen können. Wie ein gewaltiger Posaunenstoß hallt der Ruf Gottes durch die Welt. Die Erleuchteten riefen: »Oh, daß Du die Himmel zerrissest!« Und wirklich: die Himmel öffnen sich! Und es wird die neue Sprache vernommen, die den ewigen Zeichen Gottes entlehnt ist. Es ist der Ruf des Aquarius, des lebendigen Christentums.

Sie sehen die dunklen Wolken, aber hinter diesen Wolken leuchtet und strahlt das Licht des Heiligen Berges. Wir wollen das heilige Mantram aussprechen, bewußt, positiv, gedrängt vom Gesetz der Liebe, welche die Menschheit retten will. Dann öffnen sich die Himmel, und es zeigt sich der Bogen der Verheißung. Das Tor des Erreichens, das wahre Babel, öffnet sich, und es wird der unsichtbare Chor vernommen, von Zimbeln und Flöten begleitet: »Das ist das Tor des Herrn, durch welches das erlöste Volk ziehen wird.«

Dein Wille geschehe! – Amen.

*Soviel dürfen wir daher keineswegs unerwähnt lassen, daß wir,
solange uns einige Adlerfedern etwas im Wege sind, zu einer
vorzüglichsten, unermüdlichen und beständigen Lektüre der
heiligen Bibel anregen. Wenn diese jemand gar sehr gefällt,
möge er wissen, daß er unserer Bruderschaft schon sehr nahe
gekommen ist. Wie diese der Inbegriff unserer Regeln ist, daß
es keine Buchstaben in dem so großen Wunderwerk der Welt
gibt, der nicht dem Gedächtnis eingeprägt wurde, so sind die
uns am nächsten und am ähnlichsten, die dieses einmalige
Buch zum Maßstab und zur Richtschnur ihres Lebens, zum Inbegriff ihrer Studien und zum Richtweg der ganzen Welt
machen.*

*Von ihnen verlangen wir nicht, daß sie dieses ständig im
Munde führen, sondern daß sie seinen Sinn allen Genera-
tionen der Menschheit auf angemessene Weise nahebringen.
Denn wir sind nicht gewohnt, die göttliche Weisheitssprache
so zu entehren, wie angesichts der unbegrenzten Zahl der
Ausleger, die einen an der Meinung ihrer Partei festhalten
wollen, die anderen sich mit der alten Bosheit über die wie
Wachs knetbare Schrift lustig machen, die gleichermaßen
Theologen, Philosophen, Medizinern und Mathematikern die-
nen sollte.*

*Es soll vielmehr unsere Pflicht sein, zu bezeugen, daß seit
dem Ursprung der Welt den Menschen kein großartigeres, be-
wunderungswürdigeres und heilsameres Werk als die heilige
Bibel geschenkt wurde: Gesegnet ist, wer sie besitzt, geseg-*

neter, wer sie liest, am gesegnetsten ist, wer sie gründlich kennt. Wer sie aber begreift und befolgt, ist Gott am ähnlichsten.

Confessio Fraternitatis R.C., Kapitel x

6

Das wunderbare Buch

Wir Sucher nach dem verborgenen Geheimnis wissen, daß im ganzen Universum System und Ordnung herrschen, daß das All von Ewigkeit zu Ewigkeit nach unvergänglichen Gesetzen existiert und sich entwickelt.

Wir, die wir Schritt für Schritt die Schleier zwischen uns und dem Unaussprechlichen beiseite schieben, entdecken, daß sich alles nach einem bestimmten Plan verwirklicht.

Wir, die wir die Beziehungen zwischen Makrokosmos und Mikrokosmos untersuchen, erkennen das großartige Gleichgewicht in allem.

Wir, die wir die schmalen Sprossen der Merkurleiter ersteigen, um unser bewußtes Wesen in die Welten des Unsichtbaren zu erheben, sehen die Lebensströme der Naturreiche durch den Äther wogen.

Wir, die wir uns der großen Stille nähern, wir hören die Stimme der Stille.

Wir Schüler der Geistesschule, die den Tempel des Geistes betreten, werden der Glorie des abstrakten Denkens teilhaftig.

Wir, Diener des Feuers, wir schauen tief in den Quell des

menschlichen Vermögens. Wir wissen, wozu der Mensch von jeher berufen ist.

Wir, Rosenpflücker im Garten Fohats, sehen wie in einer Sinnesentrückung blitzartig von Horizont zu Horizont den Entwicklungspfad aufleuchten.

Wir, die wir so unsere Wissenschaft vermehren, unseren Gesichtskreis vergrößern, unser Bewußtsein erweitern, unsere Kräfte mit dynamischer Energie laden, wir kommen von Verwunderung zu Bewunderung, von tiefem Erstaunen zu stammelnder Anbetung, zur Demut, zum Dienst Gottes.

Wir, denen man nachsagt, wir hielten den kalten Verstand für das Höchste, wir erfahren, daß unser Wissen in tiefer religiöser Überzeugung gipfelt.

Wir beugen uns vor Gottes Majestät, weil unserem tiefsten Forschen das Gottesbemühen in allen Reichen offenbar wird, weil wir die Kraft erfahren, die hinter allem steht, die erhabene Kraft, die unseren Planeten durch den Raum bewegt, nämlich das Licht der Welt: Christus.

Wie wir schon so oft nachdrücklich versichert haben, ist der Orden des Rosenkreuzes ohne jede Einschränkung christozentrisch, und zwar nicht nur abstrakt, sondern bis in alle Einzelheiten und gewiß nicht weniger, soweit es die reine christliche Terminologie betrifft.

Wenn wir die christliche Terminologie aufgäben, wäre das gnostisch-wissenschaftlich nicht zu verantworten und nähmen wir unserer Bewegung, unserer Arbeit in der Welt, die nötige Kraft. Wir wollen versuchen, Ihnen zu erklären, weshalb das so ist.

Es gibt in unserer Zeit zahllose hervorragende Vertreter der

Menschheit, die der Allgemeinheit viele hohe geistige und moralische Werte geben, Werte, die für den Lebenszusammenhang mit Gott und der Welt notwendig sind und einigen Gruppen mit Kraft vermittelt werden müssen. Doch all dieses wirklich Schöne darf nicht dem Christentum gleichgesetzt werden. Wir können höchstens sagen, daß von dem einen oder anderen irgendwelche Konsequenzen des Christentums erklärt werden oder ein Weg zum lebendigen Christentum gewiesen wird.

Wir sind Schüler der Schule des Goldenen Rosenkreuzes. Wir erklären die Sprache unseres Vaters Bruder Christian Rosenkreuz und seiner Mitbrüder. Wir wollen Diener der Mysterienschule des Westens sein. Wir wollen Herolde der abendländischen Weisheitslehre sein. Wir wollen die uns geoffenbarte Weltreligion, das lebendige gnostische Christentum verkünden, das seinem Wesen nach berufen ist, die Welt zu erfüllen, und zwar nicht nur seinem Geist und seiner Wahrheit nach – denn das ist selbstverständlich – sondern auch in seiner Terminologie.

»Das läßt sich schlecht vereinbaren«, werden viele bemerken,»daß jemand, der sich Schüler der Geistesschule nennt und dessen Ziel die Zerbrechung dieser Naturordnung ist, so kleinlich an einem Wort, an einer Terminologie festhält. Kennt er denn nicht das Wort: Wehe dem, der das Gewand der Thora für die Thora selbst hält? Auf das Gewand kommt es doch nicht an, das ist Nebensache. Es geht doch um das Wesentliche!«

Darauf entgegnen wir, daß gerade wir als Schüler, als Nachfolger unseres Vaters Christian Rosenkreuz, bei aller Ehrerbietung gegenüber den großen Wirkenden in dieser Welt – denn alles wirkt hier zum Guten mit – die christliche Terminologie mit aller Kraft verteidigen, weil sie Magie ist und die Kraft unseres Ordens darstellt. Das Gewand der Thora mag zwar nicht wesentlich, nicht die Hauptsache sein, aber es ist gewiß nicht unnütz und nebensächlich. Welcher ernsthafte Schüler würde verkennen, daß das Gewand, geistig verstanden, die Widerspiegelung des Inneren ist?

Ob Sie die Bibel exoterisch oder esoterisch lesen, Sie unterliegen dem tiefen Zauber dieser gewaltigen Magie. Gewand und Wesen sind zu einer wunderschönen Einheit geworden, und Sie müssen es kennen, um sich den christlichen Mysterien nähern zu können. Sogar als Buch, als äußere Erscheinung, besitzt die Bibel eine geheimnisvolle Wirkung, eine außergewöhnliche Kraft.

Was ist ein Buch, ein geschlossenes Buch in Ihrem Bücherschrank? Etwas Totes. Nicht aber Ihre Bibel! Sie sehen das Buch im Brennpunkt unserer Tempel liegen. Zur Dekoration? Ist es vielleicht ein pietätvolles, mystisches Symbol und weiter nichts? Nein, dieses gewaltige Dokument der Magie, dieser Brennpunkt der Weisheit Christi in der Dunkelheit dieser Welt, kann schon als Buch die Atmosphäre unserer Tempel von allen schlechten Kräften reinigen. Sie wagen nicht, sich dem geöffneten Buch zu nähern!

Kranke, die von astralen Kräften heimgesucht werden, wissen wie wir, daß das offene Buch einen schützenden magischen Kreis um sich bildet. Deshalb ist die biblische Terminologie eine Voraussetzung für unsere Verkündigung, und es gibt kein einziges anderes heiliges Buch in der Welt, das einen derartigen Einfluß ausübt.

Ein anderes Beispiel, das wir Ihnen geben möchten, beruht auf einer ganz schlichten exoterischen christlichen Ansicht: Eine einfache Seele, die nach Weisheit, nach Erlösung aus ihren Ängsten verlangt, gerät bereits durch das Lesen der Bibel − auch wenn es nahezu ohne Verständnis geschieht − unter den Zauber, den Einfluß ihrer magischen Kraft, die bereits eine Ansicht dessen verwirklicht, was wir Glauben nennen. Lesen Sie einmal Hebräer 11, dann verstehen Sie, wozu die Menschheit imstande ist, wenn sie vom Glauben beseelt wird. »Und wäre euer Glaube klein wie ein Senfkorn, ihr könntet Berge versetzen.«

Von welchem Glauben ist hier die Rede? Von einem Glauben an eine Terminologie? Natürlich nicht. Hier wird vom Glauben an Christus gesprochen, der nicht nur eine Idee ist, sondern eine Kraft, welche die gesamte Wirklichkeit unseres Daseins beherrscht. Diese Kraft hat sich uns in einem bestimmten Gewand offenbart, das nicht von uns gemacht worden ist, sondern von den Herren des Schicksals, die jedem geben, was seine geistige Entwicklung erfordert. Dieses Gewand wird beschmutzt, bespieen, zerrissen und von vielen Kirchen bereits in der elementaren Ansicht verleugnet. Aber dennoch begleitet es uns als eine Handreichung Gottes.

Können Sie jetzt die Kraft des Glaubens verstehen, die Kraft des Evangeliums, die nicht abstrakt zu uns spricht, sondern dort, wo es darauf ankommt, klar, hell, deutlich und zwingend ist?

Die Menschheit sucht Befreiung, aber die Befreiung ist schon da.

Die Menschheit sucht einen starken Helden, aber der starke Held ist schon da.

Die Menschheit sucht nach einer erlösenden Philosophie, aber diese Philosophie ist schon da.

Es gibt Menschen, die befreiende Magie suchen, aber diese Magie ist schon da.

Die Kraft der Kräfte wohnt unter uns, und wir müssen sie der Welt und den Menschen zum Bewußtsein bringen.

Einige Menschen sprechen von tiefer Menschlichkeit, die in dieser Zeit erwachen müsse. Das ist gut, aber ein solcher Ausspruch sagt wenig. Es kann von tiefer Menschlichkeit keine

Rede sein, wenn Sie nicht den Weg der Menschheit beschreiten. Auf diesem Wege begegnen Sie dem Christus, und Er sagt zu Ihnen: »Ohne mich könnt ihr nichts tun.«

Vor dieser Realität beugt sich auch der Schüler. Wenn schon beim einfachen Menschen, der »Milch« aus der Quelle des exoterischen Wissens trinkt, von Glaubenssicherheit gesprochen werden kann, um wieviel größer wird dann die Glaubenskraft, die Glaubenssicherheit jener sein, welche die »feste Speise« des Gotteswortes in seinem gnostischen Aspekt zu sich nehmen können! Sie werden zu so Großartigem, Erhabenem und Gewaltigem berufen, daß wir keine Worte dafür finden können.

Die Magie des Christentums ist allumfassend und näher als Hände und Füße. Sie ist in der Bibel gleichsam turmhoch aufgehäuft. Sie wird getragen von den ewig Großen, den Herren des Schicksals, die über alle Fehler erhaben sind. Diese Magie ist so meisterhaft, daß die Steine zu sprechen beginnen; daß das tote Buch durch Gottes Liebe lebendig wird und feurige Funken sprüht, so daß die Mächte der Finsternis die Flucht ergreifen.

Die Magie des Christentums liegt vor Ihnen! Es ist die Kraft Gottes, die Handreichung Gottes, die Kraft Gottes zur Seligkeit. Dieses Evangelium haben wir Ihnen zu bringen, weil wir wissen, daß alle endgültige Menschheitserneuerung davon abhängt und dadurch bewirkt wird. Denn die Bibel ist eine magische Synthese, eine Widerspiegelung des lebendigen Wortes selbst, das unter uns wohnt.

Und so, wie dieses wunderbare Buch als magische Formel die Dunkelheit vertreiben und den Bann des Bösen brechen kann, so wird das lebendige Wort den Bann und den Fluch, der auf dieser Zeit liegt, mit Kraft brechen und die Menschheit zu einer neuen Ära rufen. Diese Zeit ist deshalb so bedeutend, weil – wie es das wunderbare Buch uns genauestens erklärt – die Zeit da ist.

Schon nach einigem elementarem esoterischem Studium

können Sie verstehen, welche Kraft in dieser Magie liegt und welch unbeschreiblicher Kraftquell im lebendigen Wort und seiner Widerspiegelung, der Bibel, enthalten ist. Und wäre Ihr Glaube klein wie ein Senfkorn, Sie könnten Berge versetzen. Verstehen Sie nun, was wir mit unserem Werk beabsichtigen? Wir wollen die Forderung der Bibel gnostisch-wissenschaftlich mit den Waffen der Liebe verwirklichen. Wenn dieses wunderbare Buch als magische Synthese Kraft besitzt – obwohl es verschiedentlich von dem Geist dieser dunklen Welt verunreinigt wurde – wieviel mehr Kraft wird frei werden, wenn Sie diese magische Formel bewußt anwenden.

Nicht wir sind es, die zu Ihnen sprechen; wir sind nur ein Sprachrohr der Weisheit, die in der Confessio Fraternitatis R.C. verborgen ist. Dort können Sie lesen:

Soviel dürfen wir daher keineswegs unerwähnt lassen, daß wir, solange uns einige Adlerfedern etwas im Wege sind, zu einer vorzüglichsten, unermüdlichen und beständigen Lektüre der heiligen Bibel anregen. Wenn diese jemand gar sehr gefällt, möge er wissen, daß er unserer Bruderschaft schon sehr nahe gekommen ist. Wie diese der Inbegriff unserer Regeln ist, daß es keinen Buchstaben in dem so großen Wunderwerk der Welt gibt, der nicht dem Gedächtnis eingeprägt wurde, so sind die uns am nächsten und ähnlichsten, die dieses einmalige Buch zum Maßstab und zur Richtschnur ihres Lebens, zum Inbegriff ihrer Studien und zum Richtweg der ganzen Welt machen.

Einige Adlerfedern sind uns im Wege. Die Menschen tragen alle tief in sich das Bewußtsein ihres Königtums. Sie alle nehmen in ihren besten Augenblicken die Vibration ihres göttlichen Funkens wahr. Aber alle diese Suggestionen sind nur ein schwacher Schatten dessen, was später kommen wird. Es sind einige lose Federn aus dem Adlerkleid der Zukunft. Und wenn auch Kinder mit Scherben spielen können, so dürfen Sie sich doch nicht mit Bruchstücken des Ganzen begnügen.

Das Ganze kann sich nur gestalten, wenn der Mensch bewußt die Kraft annimmt, die alles in allem wirkt. Wenn er von
Verwunderung zur Bewunderung kommt, von tiefem Erstaunen zu stammelnder Anbetung, von Demut zu froher, jauch-
zender Verherrlichung des Lichtes der Welt: Christus.

Und wäre Christus tausendmal in Bethlehem geboren
und nicht in dir, so wärst du doch verloren.

Was wir nun weiterhin mit Abscheu vor den Betrügern über die Umwandlung der Metalle und das höchste Heilmittel der Menschheit sagen, muß so verstanden werden, daß wir keinesfalls ein solches außergewöhnliches Geschenk Gottes herabsetzen. Doch da dieses Geschenk nicht unaufhörlich die Erkenntnis der Natur mit sich bringt, die Philosophie aber sowohl jene wie auch andere Wunder der Natur aufzeigt, ist es folgerichtig, daß bei uns das System der philosophischen Erkenntnis im Vordergrund steht und wir die vortrefflicheren Geister auffordern, nicht vielmehr die Metalle zu tingieren als die Natur zu erforschen.

Unersättlich muß wohl sein, wem weder Armut noch Krankheit Gefahr bringen können, wer über die Menschen gleichsam erhaben ist, Macht über das hat, was andere quält, heimsucht und foltert und somit zu den Nichtigkeiten der Natur zurückkehrt, Bauten errichtet, Kriege anstiftet, übermütig ist, weil genügend Gold vorhanden ist und das Silber aus unerschöpflicher Quelle sprudelt.

Anders aber hat es der oberste Lenker beabsichtigt, der den Demütigen Herrlichkeit bereitet, die Hochmütigen mit Finsternis schlägt, zu den Schweigsamen seine Engel sprechen läßt und die Schwätzer in die Einsamkeit treibt, eine Strafe, wie sie dem römischen Betrüger gebührt, der seine Gotteslästerungen weiter mit vollem und überlaufendem Munde über Christus ausgegossen hat und sogar am hellen Tage, da Deutschland seine Höhlen und unterirdischen Gänge entdeckt hat, nicht von seinen Lügen abläßt, so daß das Maß nun voll ist und er reif für den Henker erscheint.

Einst aber wird der Tag kommen, an dem diese Schlange zu zischen aufhört und ihre dreifache Krone zu nichts zerfallen wird. Hierüber werden wir offener sprechen, sobald wir zusammengekommen sind.

Confessio Fraternitatis R.C., Kapitel xi

7

Die Umwandlung der Metalle
und das höchste Heilmittel

Wenn wir so Ihre Aufmerksamkeit auf die christozentrische
Grundlage der Bruderschaft des Rosenkreuzes richten, könnte
der Gedanke auftauchen, die ganze Manifestation der Rosenkreuzer erschöpfe sich im Bibelstudium, in der Darlegung der
inneren Werte der Bibel und in der Festsetzung der Normen
für eine christliche Lebenshaltung.

Sollte Ihnen dieser Gedanke gekommen sein, dann müssen
wir Ihnen sagen, daß es hier darum geht, die Grundlage zu erklären, auf der alles wahrhaft gnostische Leben ruht. Denn
immer droht die Gefahr, daß man zum eigenen Schaden das
Grundprinzip vergißt, daß man das Urprinzip vernebelt, daß
man die Brunnen verschüttet, aus denen das lebende Wasser
quillt.

Darum verkünden die Rosenkreuzer seit dem Beginn ihres
Wirkens bis heute: Besinnt euch auf das Christentum; denn
Christentum, Christus ist eine Kraft! Es ist das bewegende, dynamische Prinzip, von dem sich nichts und niemand lösen
kann.

Daran erkennen Sie den wahren Rosenkreuzer, daß er
Christus bekennt, und zwar nicht in abstrakten Vorstellungen,
nicht verschleiert, so daß man alles daraus machen kann, nicht
mit sogenannter neuer Sachlichkeit, vor allem nicht mit einer
anderen Terminologie, sondern dadurch, daß er an der erhabenen Bibelmagie festhält und mit Vater Christian Rosenkreuz in
seiner ganzen Positivität ruhig und fest erklärt: *»Jesus mihi
omnia – Jesus ist mir alles«*.

So wird die Basis konkret genannt, hell beleuchtet und fortwährend mit aller Kraft erneuert, weil auf dieser Grundlage das gnostisch-wissenschaftliche Wirken und Streben des einzelnen und der Menschheit aufgebaut werden muß. Es bleibt also nicht bei der Feststellung: »Jesus ist mir alles«, sondern in der tiefen Überzeugung, die sich auch durch gnostisch-wissenschaftliche Untersuchungen entwickelte, geht der Schüler an die Arbeit, um seine kosmische Aufgabe zu übernehmen und durchzuführen. Diese Aufgabe ist in ihrem Umfang und in ihrer Bedeutung kaum zu erfassen. Die Bruderschaft des Rosenkreuzes erforscht als die Mysterienschule des Westens gründlich und mit großem Ernst gewaltige, tiefe Geheimnisse. Sie weckt latente Kräfte in Mikrokosmos und Makrokosmos, erweitert ihren Aktionsradius, entwickelt die erhabensten Möglichkeiten, die im Menschen beschlossen sind. Ihr Weg wird ein Heldenweg, eine Titanenarbeit; gleichzeitig aber lebt in ihr ein Gefühl starker Abhängigkeit, das Wissen, daß es eine Kraft gibt, eine erhabene Kraft, die sie zu allem befähigt: »Jesus ist mir alles!«

Alle in der Mysterienschule, an leitender Stelle oder als Schüler, beherrschen in mehr oder minder hohem Maß Kräfte, die »das Umwandeln der Metalle« und »das höchste Heilmittel« genannt werden. Hier betreten wir das Gebiet echter Rosenkreuzerarbeit: die Alchimie und das Heilen. Im Lauf der Zeit ist aber nichts so mißverstanden worden wie diese beiden Wirksamkeiten des Rosenkreuzes.

Alchimie

Über die Alchimie gibt es zwei Meinungen. Der einen Auffassung zufolge ist Alchimie die Umwandlung der Metalle in wörtlichem Sinn. Sie kennen sicher die alten Bilder des Alchimisten inmitten seiner Retorten und Kolben, der mit allerlei geheimnisvollen Prozessen beschäftigt ist, die in der Kunst gipfeln, unedle Metalle in Gold zu verwandeln. Die andere Ansicht ist, daß die Umwandlung der Metalle geistig zu verstehen sei. Es gehe dabei um das Gold des Geistes, das vom Niederen befreit und in eine höhere Wirklichkeit erhoben werden müsse. Die erste Meinung ist absolut falsch. Die zweite enthält als eine der Aufgaben des Menschen eine gewisse Wahrheit; aber sie sagt noch nichts über die Alchimie der Rosenkreuzer aus. Ein eingehenderes Studium, das Hindurchdringen durch mancherlei Verschleierungen erklärt uns, was die wahre Alchimie ist.

Wir leben mit unserem stofflichen Körper bewußt in der chemischen Sphäre der stofflichen Welt, im Nadir des Stoffes. Diese stoffliche Welt setzt sich zusammen aus Elementen, Mineralien und Metallen.

Die versunkene stoffliche Welt, in der wir leben, ist von einer geistigen Essenz durchtränkt. Es ist die Kraft des Christus. Die geistige Essenz hat die Aufgabe, die stoffliche Welt in ihrer ursprünglichen Reinheit wiederherzustellen und das sich darin entwickelnde Leben auf den vorbestimmten Weg zu drängen. Christus, der All-Erfüller, findet dabei die Hilfe der westlichen Mysterienschule. Hinter jedem Erneuerungs- und Zerbrechungsprozeß steht der Orden des Rosenkreuzes, der mit seiner gesamten Organisation auf allen Gebieten angespannt in seinem Dienst tätig ist. Das ist Alchimie, die Alchimie der Rosenkreuzer.

Diese Alchimie ist allumfassend und vor allem sehr konkret. Wir können uns nicht damit begnügen, zu sagen: »Es geht darum, das symbolische Gold des Geistes zu befreien.« Natürlich geht es darum, das ist, kurz zusammengefaßt, das Ziel der Menschheit. Die Alchimie aber bringt den erforderlichen Prozeß in Gang.

Ein Rosenkreuzer-Alchimist ist daher ein Mensch, der auf

jede mögliche Weise an der allgemeinen Erneuerung der Welt und der Menschheit mitarbeitet. Auf allen Gebieten der Wissenschaft, der Kunst und der Religion ist der großartige alchimische Prozeß zu erkennen. Es gibt keine Wissenschaft, die von den alchimischen Prozessen der Rosenkreuzer ausgenommen wäre. Hinter den schönen Künsten steht ein mächtiges Verlangen nach Erneuerung: die Alchimie. Hinter der religiösen Besinnung des Individuums verbirgt sich das dynamische Drängen nach einer völligen Erneuerung: die Alchimie.

Wir sehen ein ganzes gesellschaftliches System zusammenbrechen und veraltete Methoden verschwinden, und wir erleben einen unwiderstehlichen, sich vielfältig äußernden Impuls, eine vollständige Wiedergeburt zu erreichen. Das ist die Wirkung des Feuers, das sind die züngelnden Flammen unter den Retorten der Alchimisten.

Erkennen Sie, wie die Alchimie so für Sie lebendig wird? Sie können sie nicht ins Mittelalter verweisen, wo die Magier versuchten, unedle Metalle in Gold zu verwandeln. Begreifen Sie, daß die Alchimie uns nicht fernliegt? Daß sie der Pulsschlag unserer Zeit ist? Daß wir das lodernde Feuer sehen? Daß wir die Wirksamkeit der Älteren Brüder wie mit Händen greifen können? Daß wir die siedende Masse in den kupfernen Kesseln zischen hören können?

Natürlich, es geht in der Tat um das Freiwerden des geistigen Goldes. Aber zu allen Zeiten hören wir die Stimmen und sehen wir das Wirken der Arbeiter Gottes, der Alchimisten, welche die niederen Metalle der stofflichen Welt umwandeln.

So schüren die Söhne des Feuers das ewige Feuer unter den Retorten Gottes. Das Unedle wird hineingeworfen; es verbrennt vor dem Herrn, und aus der Asche erhebt sich ein neuer Phönix, der Feuervogel.

Das höchste Heilmittel

Die Menschheit, die in der stofflichen Welt kämpft, aber das eigentliche Ziel ihres Werdens und Kämpfens nicht kennt, ist in jeder Hinsicht schwer verwundet und beschädigt. Körperlich, moralisch und geistig zeigt der Mensch Mängel und Komplexe. Aus dieser Realität ersteht das universelle Genesungswerk. Die Alchimie sorgt für die Erneuerung der Menschheit. Das höchste Heilmittel soll bewirken, daß neue, gesunde Menschen ihre Aufgabe in einer neuen Welt übernehmen können. Es würde uns nichts nützen, nur ein neues Haus zu bauen, es muß auch Menschen geben, die darin wohnen. Darum ist die Alchimie unlösbar mit dem höchsten Heilmittel verbunden.

So waren die Rosenkreuzer in allen Jahrhunderten immer Heiler und konnten den ihnen anvertrauten Kranken helfen. Wie ein goldener Faden ziehen sich durch die Weltgeschichte Hilfe und Trost, die vielen körperlich und seelisch Kranken gebracht werden konnten. Die Brüder des Rosenkreuzes haben in diesem Genesungswerk immer einen hervorragenden Platz eingenommen, und sie sind es auch, welche immer wieder neue erfolgreiche Methoden gefunden haben.

In unserer gewaltigen Zeit werden die Alchimie und das höchste Heilmittel zusammen die Grundlage für eine neue Manifestation, eine neue Offenbarung schaffen, wie sie die Welt noch nie gesehen hat. Der alchimische Prozeß wird Tausende bewußt oder unbewußt zu einer völligen Wiedergeburt von Mensch und Gesellschaft drängen. Ein neuer Glanz des Glücks und der Freude wird sich auf den aschgrauen Gesichtern von Millionen zeigen, die jetzt von Angst und Verzweiflung gezeichnet sind. Wir dürfen niemals vergessen, daß »der Vater uns so große Liebe erwiesen hat, daß Er uns seinen Sohn, den Christus, gesandt hat«. Und so wird es geschehen, daß das höchste Heilmittel zu uns herabsinkt, das Heilmittel, welches zahllose furchtbare Krankheiten des Körpers und der

Seele heilen wird. Es ist eine neue Offenbarung der Panazee der Rosenkreuzer. So werden die Umdrehungen des Rades der Zeit beschleunigt. Nach banger Nacht wird die Menschheit zu einem neuen Morgen erwachen.

Aber dahinter verbergen sich bei aller Herrlichkeit große Gefahren. Bei unserer Besprechung der verborgenen Geheimnisse der Mysterienschule haben wir festgestellt, daß die Brüder und ihre Diener in unserer Nähe und unmittelbar unter uns arbeiten und daß die Übungsschule der Mysterien das gesamte wirkliche Leben ist. Allerdings haben Theorie und Praxis der Alchimie und des Heilens manchmal zweifelhafte Quellen und verbinden uns nicht immer mit dem ewigen Ursprung aller Dinge. Aus diesen Gründen ist es notwendig, daß jeder, dem es mit diesen Prozessen ernst ist, sich zunächst in der Weisheit Christi läutert.

Die Praxis des wirklichen Lebens lehrt uns, daß alles Wissen, alle Kraft, alles Tun falsch angewendet werden, wenn sie nicht dem ewigen Quell entspringen und nicht durch ihn geläutert sind. Der Mensch fühlt eine mächtige Kraft in sich. In seiner Selbstsucht und Selbstbehauptung setzt er diese Kraft für Ziele ein, die anderen Menschen Schmerz, Qual und Verzweiflung bringen. Von Goldgier getrieben, führt er Kriege und begeht er Verbrechen. So entdecken wir, daß eine ursprüngliche heilige Kraft ihm zum Fall wird.

Der Schüler, der von der Magie fasziniert ist, möge sich das gesagt sein lassen. Sobald er die Basis seines Strebens vergißt, verneint, wendet sich sein Streben zu einem Fall. Der Feuerprozeß ist ein beschleunigter Prozeß, und deshalb gibt es auf diesem Weg auch erhöhte Gefahren. Wenn die Arbeiter im alchimischen Prozeß der Menschheitserneuerung nicht von den rechten Motiven beseelt werden, droht ihnen die Gefahr, selbst von den Flammen unter den Retorten oder von explodierenden Präparaten verletzt zu werden.

Wer sich auf der Stufe der Vorbereitung befindet und nach

dem höchsten Heilmittel sucht, muß gut verstehen, daß er un-
tauglich ist und es niemals finden und bestimmt entfernt wird,
wenn er das Grundprinzip außer acht läßt. In diesem Zusammenhang heißt es im elften Kapitel der Confessio:

*Anders aber hat es der oberste Lenker beabsichtigt, der den
Demütigen Herrlichkeit bereitet, die Hochmütigen mit Finsternis schlägt, zu den Schweigsamen seine Engel sprechen läßt
und die Schwätzer in die Einsamkeit treibt.*

Wer zur Natur, zum Wesen aller Dinge durchdringt, gehört zu
den demütigen und schweigsamen Arbeitern in dieser Welt. Sie
sind es, die rastlos weiterarbeiten, nicht, um von den Menschen gesehen zu werden, sondern weil Gottes Wille vollbracht
werden muß.

Unabänderlich vollzieht sich an der Welt ein hartes Urteil
wegen ihrer Unwahrhaftigkeit. Zu allen Zeiten wird die Unwahrhaftigkeit vollständig vernichtet. Wenn die Unwahrhaftigkeit sich in öffentlichen Institutionen ausbreitet, bildet sie
ein Hindernis für die weitere Entwicklung. Deshalb wird in
den kommenden Jahren die heutige Gesellschaftsordnung verschwinden und durch eine neue ersetzt werden, die mehr mit
dem Ursprung der Dinge im Einklang ist.

Vor allem aber wird die Menschheit sich in den kommenden
Jahren von der Scheinreligion lösen. Wenn Sie tief darüber
nachdenken, was die Welt uns an Schmerz und Jammer bringt,
und wenn Sie die Ursache dafür finden wollen, werden Sie entdecken, daß die Kirche größte, schwerste Schuld auf sich ge-
laden hat. Die Kirche, die sich als die Vertreterin Christi auf
Erden bezeichnet, die glaubt, heilige Sakramente spenden zu
können, die Kirche, die behauptet, die Wahrheit vollständig zu
interpretieren und zu verbreiten, ist die Ursache für größtes
Elend, die Ursache für viel Materialismus.

Christus hat zu seiner Zeit die Kirche abgelehnt. Er nannte
die Priester weißgetünchte Gräber, außen weiß und voller Pracht,

innen jedoch voller Totengebein und Gift. Tatsächlich schreitet der Verfall mit großer Kraft fort. Kein Stein wird auf dem anderen bleiben.

Es muß eine neue Kirche kommen, die sich auf die Wahrheit gründet und welche die Wahrheit verbreitet. Der Weg der heutigen Kirche ist von Blut, Tränen und entsetzlichem Leid gezeichnet. Die Confessio Fraternitatis prophezeit ihr das folgende Urteil:

Anders aber hat es der oberste Lenker beabsichtigt, der den Demütigen Herrlichkeit bereitet, die Hochmütigen mit Finsternis schlägt, zu den Schweigsamen seine Engel sprechen läßt und die Schwätzer in die Einsamkeit treibt, eine Strafe, wie sie dem römischen Betrüger gebührt, der seine Gotteslästerungen weiter mit vollem und überlaufendem Munde über Christus ausgegossen hat und sogar am hellen Tage, da Deutschland seine Höhlen und unterirdischen Gänge entdeckt hat, nicht von seinen Lügen abläßt, so daß das Maß nun voll ist und er reif für den Henker erscheint. Einst aber wird der Tag kommen, an dem diese Schlange zu zischen aufhört und ihre dreifache Krone zu nichts zerfallen wird. Hierüber werden wir offener sprechen, sobald wir zusammengekommen sind.

Gott ist ein verzehrendes Feuer. Wenn Sie des heiligen Feuers und seiner Aufgabe spotten, wird das Feuer Sie ergreifen, Sie werden im alchimischen Prozeß vernichtet, und das höchste Heilmittel wird an Ihnen vorübergehen. Durch die Bewegtheit der Zeit klingt das rhythmische Ticken des ewig funktionierenden Uhrwerks Gottes. Langsam rücken die Zeiger weiter. Sekunde um Sekunde mißt die Zeit, bis die Stunde angezeigt wird, in der gesetzmäßig das Urteil vollzogen wird. Klare, tiefe Glockentöne verkünden dann über die weite Welt die Stunde des Gerichts, aber, Gott sei Dank, zugleich die Stunde der neuen Menschheitsperiode, in der kein Platz mehr ist für den Janus-Kopf mit den zwei Gesichtern.

Zum Schluß unserer Confessio weisen wir ferner ernstlich dar-
auf hin, daß, wenn nicht alle, so doch die meisten Schriften der
Pseudo-Alchimisten verworfen werden müssen. Für diese ist es
ein Spiel, die heilige Dreifaltigkeit für Nichtigkeiten zu miß-
brauchen, oder ein Spaß, die Menschen durch scheußliche Fi-
guren und dunkle Andeutungen zu täuschen. Unstreitig ist die
Neugier der Leichtgläubigen ihnen dabei von Vorteil. Derarti-
ge Leute hat unsere Zeit sehr zahlreich hervorgebracht, unter
diesen einen ausgezeichneten Schauspieler des Amphitheaters,
der erfinderisch genug ist, die Menschen hinters Licht zu
führen.

Diese mischt der Feind des menschlichen Glücks darum
unter den guten Samen, damit es umso schwieriger ist, der
Wahrheit zu vertrauen, obgleich sie einfach und unverhüllt ist,
während die Lüge prächtig und mit Zipfeln aus göttlicher und
menschlicher Weisheit geschmückt ist.

Haltet euch von diesen Dingen fern, ihr, die ihr einsichtig
seid, und nehmt eure Zuflucht zu uns, die nicht euer Gold er-
betteln, sondern euch sogar unermeßliche Schätze anbieten.

Wir haben es nicht durch Erfindung irgendeiner Tinktur auf
eure Güter abgesehen, sondern wir machen euch zu Teilhabern
an den unsrigen.

Wir geben euch nicht Rätsel auf, vielmehr laden wir euch zu
einer schlichten Darlegung der Mysterien ein.

Wir trachten nicht danach, von euch aufgenommen oder
angenommen zu werden, sondern wir laden euch in unsere

mehr als königlichen Häuser und Paläste ein, die wir – solltet ihr es noch nicht wissen – nicht von Prunksucht, sondern vom Geist Gottes getrieben, durch das Testament unseres sehr vortrefflichen Vaters geboten, dem Gesetz unserer Zeit verpflichtet sind.

Confessio Fraternitatis R.C., Kapitel XII

8

Pseudo-Alchimie

Wenn man sich mit esoterischer Philosophie beschäftigt, erkennt man bald das Ziel der Alchimie der Rosenkreuzer und entdeckt, daß dabei nie die Rede war von geheimnisvollen Laboratorien und über Schmelztiegel und Retorten gebeugten ehrwürdigen Gestalten, die das Resultat ihrer seltsamen Experimente beobachten. Es ist eine Geschichtsfälschung, wenn man die Rosenkreuzer mit den Goldmachern des Mittelalters in einen Topf wirft. Es könnte höchstens sein, daß die alten Ordensbrüder auf diese Weise von ihrer wirklichen Tätigkeit ablenken wollten, wie ja auch heute noch viele vom Orden inspirierte Kräfte wegen ihres schlichten Berufes ganz unbemerkt ihren wahren Dienst verrichten.

Die verborgene Bedeutung des Begriffes »Alchimie« hängt mit der großen Weltarbeit der Mysterienschulen zusammen. Die Wahrheit ist sehr einfach, aber gleichzeitig sehr beunruhigend. Schlagen Sie sich in diesem Zusammenhang Ihre Vorstellungen von irgendwelcher Geheimnistuerei aus dem Sinn, auch etwaige romantische Vorstellungen von nächtlichen Zusammenkünften der Brüder an finsteren Orten oder in abgelegenen Häusern im Walde, wo man geheimnisvolle Laute vernimmt und dicken Rauchschwaden aus alten Schornsteinen emporsteigen, die von den Verbrennungsgasen merkwürdiger Präparate seltsam verfärbt sind. Solche Geschichten mögen vielleicht für Erzählungen an Winterabenden taugen oder um, als heimliche Rache, einem unerwünschten Gast zu einem Alptraum zu verhelfen. Doch sollte niemand annehmen, die Ge-

schichte der Rosenkreuzer hätte mit Gruselmärchen zu tun.
Die Wahrheit ist einfach, aber zugleich sehr beunruhigend.
Die Wahrheit können nur jene vernehmen, die den Herzschlag
dieser Zeit verstehen.

Jeder Himmelskörper ist eine stoffliche Synthese großer
Kräfte und erhabener Prinzipien, die der Entwicklung der
verschiedenen Lebenswellen dienen. Sie kennen diese Kräfte
unter den Namen von Metallen und Elementen. Vom Beginn
der Welt bis auf den heutigen Tag beeinflussen sie das sich
entwickelnde Leben. Verursacht von der Wechselwirkung
zwischen Sternen und Planeten, findet eine fortwährende Umwandlung von Metallen und Elementen statt. So kann tatsächlich vom großen kosmischen Laboratorium Gottes gesprochen
werden.

Sie erfahren aus der Philosophie der Rosenkreuzer, daß der
stoffliche Körper ein Spiegelbild des Geistes sein sollte. Deshalb heißt es in der Bibel:»Wir sind nach seinem Bild und
Gleichnis geschaffen.« Ihr materieller Körper ist also ein Himmelskörper im Kleinen und zugleich eine stoffliche Synthese
von Metallen und Elementen. So erkennen Sie in der Welt des
Kleinen wie in der Welt des Großen die ehrfurchtgebietende
Arbeit in Gottes kosmischem Laboratorium.

Durch das geleitete Spiel und Widerspiel der Kräfte und Elemente entsteht alles, was war, was ist und was sein wird:»Er
gebietet und es ist, Er befiehlt und es besteht.« In diesem Spiel
und Widerspiel von Kräften und Elementen entstehen alle
Himmelskörper und alle menschlichen Körper. Aus überall
verstreuten und von überall herangeführten Grundstoffen baut
der Mensch sein Haus. Die überall vorhandenen Elemente und
Metalle werden von der Kraft Gottes in wirbelnder Bewegung
im Raum zusammengedrängt, und so entstehen Sonnen und
verkünden die Glorie des Alls:»Die Himmel verkünden die
Ehre Gottes und das Firmament das Werk seiner Hände.«

So sehen Sie, wie sich um Sie herum und in Ihnen das große

Wunder vollzieht, und Ihre Hände falten sich in Anbetung vor Ihm, der die Welten erdachte – und sie waren erschaffen! So liest der Gnostiker die Sternensprache, und in seinem Herzen steigt jubelnder Dank empor, weil er etwas von diesem erhabenen magischen Alphabet zu erforschen vermag. Der Gnostiker steht an den Retorten Gottes. Er sieht das Spiel und Widerspiel der Kräfte. Er sieht die gewaltige Rotation und das Werden im großen alchimischen Laboratorium, das Werk Gottes, die erste Ansicht der heiligen Dreifaltigkeit, die Manifestation des großen Reiches der Natur, das sich ebenfalls auf dreifache Weise offenbart.

Nach der Natur ist der Mensch geboren und nach der Natur geht er unter, wie alle stoffliche Offenbarung wieder im Chaos untergeht – es sei denn, die Kraft Christi leuchtete über uns, und der Mensch käme zur Wiedergeburt. Das ist die zweite Ansicht der Alchimie, und diese zweite Ansicht ist die Alchimie der Rosenkreuzer, weil hier der Ansatzpunkt zur Verwirklichung liegt.

Der ersten Ansicht der Alchimie entstammt die Wissenschaft der Chemie. Die Kräfte in den Metallen und Elementen können und dürfen dem Menschen und der menschlichen Natur nutzbar gemacht werden. Diese Kräfte im alchimischen Laboratorium wirken mit einem bestimmten Ziel. Wir erkannten bereits bei oberflächlicher Untersuchung, daß sich eine erhabene Methode Gottes vollkommen bis in die letzten Einzelheiten auswirkt. Diese Methode und ihr Ziel werden uns durch die zweite alchimische Formel erklärt. Diese Formel liegt der Religiosität der Menschheit zugrunde. Bis auf den heutigen Tag haben sich Religionen aneinandergereiht, und wir erleben jetzt das eigentliche Erwachen des Christentums, dessen esoterisches Bild uns die Rosenkreuzer erklären.

Der Eingeweihte Paulus sagt von Christus: »Er erklärt uns den Vater«, und der Stifter des Rosenkreuz-Ordens sagt im gleichen Zusammenhang: »Jesus ist mir alles«. Die Philosophie des Rosenkreuzes lehrt uns, daß der Christus-Geist seine Aura um unseren Planeten gebreitet hat. Wie in einem Kreis sind wir von Ihm umschlossen. Und wollen wir zur Vollendung gelangen, so können wir es nur durch Ihn.

Das ist der zweite alchimische Prozeß. Es ist ein rein geistiger, rein mystischer Prozeß, der in der Philosophie des Rosenkreuzes eine vernünftige Grundlage erhält. Diese Philosophie ist keine mentale Philosophie, sondern eine Synthese des Herz-Denkens, wodurch die christliche Religion zu einer lebendigen Kraft im Leben des Menschen werden soll. Und erst wenn etwas von dieser lebendigen Kraft verwirklicht ist, kann in der westlichen Mysterienschule von Erfüllung gesprochen werden.

So gelangt der Schüler zur dritten Ansicht der Alchimie, der dritten Ansicht der heiligen Dreifaltigkeit: zur Erfüllung, zur Gnosis. In der dritten Ansicht wird das Ziel der ersten bestätigt, so wie es von der zweiten Ansicht ermöglicht wird. Diese ganze Entwicklung wird uns in den vier Evangelien geschildert, die wir als vier Einweihungsmethoden betrachten müssen.

Die Jünger werden nach ihrer stofflichen Erneuerung durch Christus zur Erfüllung des Pfingsttages geführt. Jede Erfüllung kann also in den westlichen Mysterien nur auf diesem Weg erreicht werden, denn dieser Weg ist auf das dreifache universelle kosmische Gesetz abgestimmt. Das dreifache Gesetz zeigt sich in unendlicher Mannigfaltigkeit in jedem Lebensprinzip. So erkennen Sie, daß die Alchimie der Rosenkreuzer letzten Endes auf einer einfachen, wenn auch beängstigenden Wahrheit beruht. Denn Sie werden sich des großen Abstandes bewußt, der zwischen dem Ziel und dem augenblicklichen Zustand der menschlichen Lebenswelle besteht.

Aus diesem Grund warnt die Confessio Fraternitatis eindringlich vor aller Pseudo-Alchimie, das heißt, vor den vom Ziel und vom Wesen der Sache wegführenden Methoden und Verhaltensweisen. Die Pseudo-Alchimie ist tief in alle menschlichen und gesellschaftlichen Erscheinungsformen eingedrungen. Sie ist die Antwort des Negativen auf das Positive. Die Pseudo-Alchimie offenbart sich ebenfalls dreifach. In der ersten Ansicht sehen wir die grobstoffliche Entartung, die Welt des Materialismus, die Welt des Egoismus, die Welt Luzifers. Im kosmischen Laboratorium Gottes sehen wir, daß alle Kräfte im ewigen Bemühen, die Grundlage für die Evolution zu schaffen, zum Guten, Schönen und Wahren zusammenwirken. Im höllischen Laboratorium der Pseudo-Alchimie ist die Selbstsucht unumschränkte Herrscherin, und das schöne Spiel der Kräfte entartet hier zum Widerstreit von Prinzipien und Interessen, zu einer höchst explosiven Situation, die unausweichliche Gefahren birgt. Darum lauern hier die Dämonen, die Verdammten, die Ungeheuer des Abgrundes.

Die zweite Ansicht der Pseudo-Alchimie ist die Karikatur des Mystizismus. Hier werden die Schafe, die noch nicht über das freie Denken verfügen und Christus gleichsam gegenständlich erfahren wollen, als Handelsware an die lauernden Dämonen des Bösen verschachert. Der Grund liegt darin, daß ihr Mystizismus in seiner verzerrten Form noch tief in der ersten Ansicht verhaftet ist, in der zum Grundpfeiler der gesellschaftlichen Ordnung erhobenen Selbstsucht.

So wird in der dritten Ansicht der Pseudo-Alchimie das düstere Spiel vollendet. Es zeigt sich die höhnische Fratze des okkulten Strebens, der raffinierte Feind, der sich unter die gute Saat mischt. Er bietet bedeutungsvolle Symbole und geheimnisvolle Erzählungen, Einweihungen und Befreiung an. Kurz gesagt haben wir es hier zu tun mit dem negativen Okkultismus, der auf geistige Irrwege führt, und dunklen Praktiken, bei denen es um finanzielle oder andere materielle Vorteile geht. Dieser Okkultismus, die Karikatur des Strebens nach Verwirklichung, zeigt vielleicht noch stärker als die Kirche die entsetzliche Entartung. Wer aus Selbstsucht nach dem Höchsten greift, begeht das schlimmste Verbrechen.

Die Wahrheit ist sehr einfach, jedoch zugleich sehr beunruhigend. Die Wahrheit lehrt, daß die stoffliche Erneuerung ein Weltgesetz ist. Die Wahrheit lehrt, daß alle Selbstsucht in der Nächstenliebe aufgehen muß. Die Wahrheit lehrt, daß diese Wiedergeburt nur möglich ist durch die heilige Methode des Christentums. Und die Wahrheit lehrt, daß alles Erreichen – die Erfüllung des dreifachen Gesetzes – erst möglich ist, wenn zuvor alle Bedingungen vollständig erfüllt wurden.

Die Wahrheit ist sehr einfach, aber zugleich sehr beunruhigend. Sie ist beunruhigend, weil wir entdecken, daß die Vulkane stofflich auszubrechen drohen, beunruhigend, weil wir entdecken, daß der kindliche Mystizismus nicht genügend innere Kraft und Erkenntnis besitzt, um den Bann und den Fluch in Christus zu lösen. Sie ist beunruhigend, weil die Mysterien als das Heiligste und Reinste von den Gewissenlosesten angegriffen werden. Das »Erreichen« gleicht einem Becher, dem Kelch der Prüfungen. Wer unwürdig daraus trinkt, trinkt sich selbst zu einem Urteil.

Die Wahrheit ist sehr einfach. Darum sagt die Confessio:

Haltet euch von der Pseudo-Alchimie fern, ihr, die ihr einsichtig seid, und nehmt eure Zuflucht zu uns, die nicht euer Gold erbetteln, sondern euch sogar unermeßliche Schätze anbieten.

Wir haben es nicht durch Erfindung irgendeiner Tinktur auf eure Güter abgesehen, sondern wir machen euch zu Teilhabern an den unsrigen.

Wir geben euch nicht Rätsel auf, vielmehr laden wir euch zu einer schlichten Darlegung der Mysterien ein.

Wir trachten nicht danach, von euch aufgenommen oder angenommen zu werden, sondern wir laden euch in unsere mehr als königlichen Häuser und Paläste ein, die wir – solltet ihr es noch nicht wissen – nicht von Prunksucht, sondern vom Geist Gottes getrieben, dem Testament unseres sehr vor-

trefflichen Vaters anbefohlen, dem Gesetz unserer Zeit ver-
pflichtet sind.

Das ist der Ruf der Herren der Weisheit, den wir Ihnen über-
bringen wollen. Die Wahrheit ist sehr einfach, aber schwer zu
erfüllen. Die Wahrheit ist sehr einfach, doch ihre Forderung ist
gewaltig. Die Wahrheit ist über alle Maßen reich, aber sie liegt
auf einem hohen Berg. Wer sie finden will, muß den Weg
suchen.

Suchet, und ihr werdet finden. Klopfet an, und es wird euch
aufgetan.

AUSGABEN DER ROZEKRUIS PERS

WERKE VON JAN VAN RIJCKENBORGH
Elementare Philosophie des modernen Rosenkreuzes
Der kommende neue Mensch
Die Gnosis in aktueller Offenbarung
Die ägyptische Urgnosis und ihr Ruf im ewigen Jetzt (I, II, III, IV)
Erneut verkündet und erklärt anhand der Tabula Smaragdina
und des Corpus Hermeticum
Die Geheimnisse der Bruderschaft des Rosenkreuzes
Esoterische Analyse des geistigen Testaments des Ordens des
Rosenkreuzes
1 – Der Ruf der Bruderschaft des Rosenkreuzes
    Esoterische Analyse der Fama Fraternitatis R.C.
2 – Das Bekenntnis der Bruderschaft des Rosenkreuzes
    Esoterische Analyse der Confessio Fraternitatis R.C.
3/4 – Die alchimische Hochzeit des Christian Rosenkreuz (I, II)
    Esoterische Analyse der Chymischen Hochzeit Christiani
    Rosencreutz Anno 1459
Dei Gloria Intacta
    Das christliche Einweihungsmysterium des heiligen Rosen-
    kreuzes für das neue Zeitalter
Das Mysterium der Seligpreisungen
Das Nykthemeron des Apollonius von Tyana
Das Mysterium Leben Tod
Der Keulenmensch
    Ein Aufruf an junge Menschen
Demaskierung
Es gibt keinen leeren Raum
Das universelle Heilmittel
Christianopolis
Das Licht der Welt
    Ausschnitte aus der Bergpredigt
Ein neuer Ruf
Die gnostischen Mysterien der Pistis Sophia

WERKE VON CATHAROSE DE PETRI
Transfiguration
Das Siegel der Erneuerung
Sieben Stimmen sprechen
Das goldene Rosenkreuz
Der Dreibund des Lichtes
Briefe
Das lebende Wort

WERKE VON CATHAROSE DE PETRI UND
JAN VAN RIJCKENBORGH
Die Bruderschaft von Shamballa
Der universelle Pfad
Die große Umwälzung
Die universelle Gnosis
Das neue Zeichen
Die Apokalypse der neuen Zeit
Aquarius Erneuerungskonferenzen
    (1) Das Lichtkleid des neuen Menschen, Bilthoven – 1963
    (2) Die Weltbruderschaft des Rosenkreuzes, Calw – 1964
    (3) Die mächtigen Zeichen des göttlichen Ratschlusses,
        Bad Münder – 1965
    (4) Der befreiende Pfad des Rosenkreuzes, Basel – 1966
    (5) Der neue Merkurstab, Toulouse – 1967
Reveille!
    Weckruf zur fundamentalen Lebenserneuerung als Ausweg in
    einer aussichtslosen Zeit
Die chinesische Gnosis
    Kommentare zum Tao Teh King von Lao Tse

WERKE ANDERER AUTOREN

N. Abbestee	– Jugendbibel
Karl von Eckarts-	
hausen	– Die Wolke über dem Heiligtum
Antonin Gadal	– Auf dem Weg zum heiligen Gral
Antonin Gadal	– Das Erbe der Katharer /
	Das Druidentum
Mikhail Naimy	– Das Buch des Mirdad
J. Schootemeijer	– Fernsehen als Gefahr für das Individuum

– Fernsehen als Instrument der verborgenen Mächte
– Der Weg des Rosenkreuzes in unserer Zeit
– Das lebende Rosenkreuz

Rozekruis Pers, Postfach 1307, D 5276 Wiehl, BRD
Rozekruis Pers, Bakenessergracht 5, NL 2011 JS Haarlem, Niederlande
Lectorium Rosicrucianum, Foyer Catharose de Petri, CH 1824 Caux, Schweiz